VILLE SAUVAGE

MARSEILLE
Essai d'écologie urbaine

Baptiste Lanaspeze

Photographies de Geoffroy Mathieu

ACTES SUD

1. Quartiers Nord, Le Merlan. Espace agricole de Four de Buze, en piémont du massif de l'Etoile, au pied du lotissement de la Batarelle, juste en dessous du Canal de Marseille.

2. Quartiers Nord. Vue de Marseille depuis le "crassier" des Aygalades, une colline de 4 hectares constituée de "boues rouges" (rejets issus de l'extraction de l'alumine dans la bauxite). Au premier plan, l'usine de sucre de Saint-Louis.

3. Quartiers Nord. Usine de potabilisation de la réserve d'eau du vallon Dol (alimentée par les eaux du Verdon, via le Canal de Provence). Usine, réserve et Canal construits pendant les années 1970.

4. Quartiers Nord. Sentier reliant la Viste au centre commercial Grand Littoral.

5. Quartiers Nord. Cité la Viste et habitat pavillonnaire, vus depuis l'avenue de Saint-Louis.

6. Quartiers Nord. Chevaux en liberté dans le lotissement la Parade, à Château-Gombert.

7. Quartiers Est, la Fourragère. Serres agricoles sur l'emprise du foncier acquis par la ville au milieu du XXe siècle pour la voie de contournement L2.

8. Quartiers Nord, Saint-André. Quelques ailantes (*Ailanthus altissima*) poussent dans l'enceinte d'un entrepôt, chemin du Littoral, au niveau de la gare de Mourepiane.

9. Quartiers Nord, le Merlan. Le Canal de Marseille transporte l'eau de la Durance qui irrigue le terroir marseillais depuis le milieu du XIXe siècle.

10. Quartiers Nord. Vue du quartier Notre-Dame-Limite sur le massif de l'Etoile. De bas en haut, les cités Bourrely, Kallisté et la Solidarité.

11. Quartiers Est, Saint-Loup. L'étalement urbain est arrêté par le massif de Carpiagne, encore marqué par l'incendie de 2009.

12. Vue sur les quartiers Nord depuis les jardins ouvriers et familiaux de Montolivet, situés sur l'emprise du foncier acquis au milieu du XXe siècle pour la voie de contournement L2.

13. Quartiers Nord, le Merlan. Un talus en friche sépare la résidence Charles-Rougny de l'avenue Salvador-Allende.

14. Centre-ville, gare Saint-Charles. Massif de grandes ciguës (*Conium*) sur un pied d'arbre, place des Marseillaises.

15. Centre-ville, Belle-de-Mai. Mur de lierre avenue de Plombières.

16. Quartiers Nord, le Petit-Canet. Silos.

17. Quartiers Nord, rue de Lyon. Marché informel de voitures d'occasion aux puces des Arnavaux.

18. Quartiers Est, Saint-Tronc. Carrière Perasso (site exploité depuis 1840).

19. Septèmes-les-Vallons. Poste électrique du "Triangle de Septèmes" (croisement de l'A7 et de l'A51), en piémont du massif de l'Etoile.

20. Quartiers Sud, Luminy. HLM et plateau de l'Homme-Mort, vus depuis la route de la Gineste.

21. Quartiers Sud, Montredon. Cabanon sur le sentier du littoral, entre la plage de la Verrerie et la Madrague.

22. Centre-ville, Endoume. Parking de la résidence la Grande Corniche, au-dessus du vallon des Auffes.

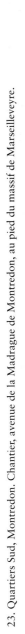

23. Quartiers Sud, Montredon. Chantier, avenue de la Madrague de Montredon, au pied du massif de Marseilleveyre.

24. Quartiers Sud, mont Rose.

25. Septèmes-les-Vallons, quartier de Monaco. Entrepôt au milieu d'un champ de folle avoine (*Avena sterilis*).

26. Quartiers Nord, vallon Dol. "Fenêtre" d'accès au Canal de Provence.

27. Quartiers Sud, Montredon. Cabanons de la plage de la Verrerie.

28. Quartiers Sud, Saint-Giniez. Lit de l'Huveaune, depuis l'avenue de Mazargues.

29. Quartiers Nord, cluse des Aygalades. L'autoroute Nord (A7) entre le cimetière des Aygalades et la résidence le Montléric.

30. Quartiers Sud, le Redon. La résidence de la Rouvière sur un épaulement du massif de Carpiagne.

31. Centre-ville, archipel du Frioul. Le village du port vu depuis l'île de Pomègues.

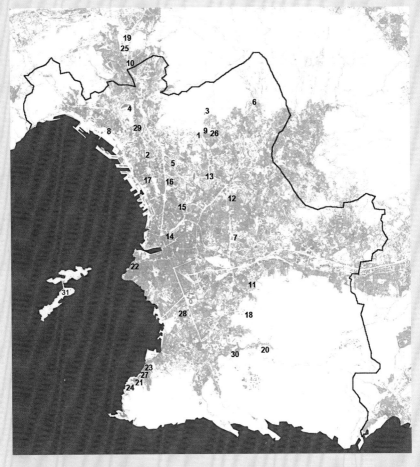

Localisation des lieux de prises
de vue des photographies

Avant-propos :
Marseille, capitale européenne de la nature

75 RATOPOLIS

83 L'ESPÈCE URBAINE

91 LA GRANDE DOMESTICATION

99 L'INVENTION DE L'ÉCOLOGIE URBAINE

109 QUELLE ÉCOLOGIE URBAINE ?

115 UNE VILLE DEHORS

121 LES DAUPHINS DU PORT

127 *EXTRA-MUROS*

137 LE GRAND PARC

145 UNE CAPITALE DU TIERS-PAYSAGE

151 L'IMPOSSIBLE DÉSERT

159 LA FRICHE DE LA MIRABILIS
    avec Dalila Ladjal

165 ARCHITECTURE SAUVAGE
    avec Olivier Bedu

169 L'ART DES LIEUX
    avec Etienne Ballan

175 AGRI-URBANISME
    avec Jean-Noël Consalès

181 VOUS N'ÊTES PAS SEULS
    avec Wassila Sahraoui

191 *WILD STYLE*

201 Annexes : GR 2013

La ville n'est pas un simple mécanisme physique
ou une construction artificielle.
Elle est impliquée dans les processus vitaux
des gens qui la composent ;
elle est une production de la nature,
et en particulier de la nature humaine.

ROBERT EZRA PARK

A l'intérieur de l'homme civilisé,
le sauvage occupe toujours la place d'honneur.

HENRY DAVID THOREAU

MARSEILLE, CAPITALE EUROPÉENNE DE LA NATURE
Avant-propos

Le thème de la nature en ville, encore confidentiel il y a cinq ans, s'est désormais imposé dans le débat public, au-delà même des sphères traditionnellement réservées à la question urbaine[1] ; et l'écologie urbaine est devenue un champ de recherches plus assuré, sinon de son objet, du moins de son importance. C'est dans le contexte du dynamisme soudain de ces enjeux que ce livre, conçu en 2006 dans un certain isolement, propose à partir du terreau marseillais quelques méditations sauvages sur les relations entre ville et nature.

La création du parc national des Calanques, premier parc national périurbain d'Europe, signe pour Marseille l'aboutissement de plus d'un siècle de réinvention de la nature. On verra que, dans sa monumentalité, le parc des Calanques est un écho tardif du rôle de "laboratoire" de la relation ville-nature que Marseille a déjà joué, depuis la fin du XIXᵉ siècle, en étant l'une des matrices mondiales de la randonnée pédestre. Avec ses carrières, son port et ses usines, l'espace marseillais est également marqué – et de façon tout aussi spectaculaire – par la conception dominante de la nature à l'ère industrielle : la simple ressource (ou "matière première") de l'aventure productrice. Marseille est enfin structurée, dans son espace urbain comme dans ses mœurs, par la coexistence de la ville et de la campagne. La bastide de maître comme le cabanon, par-delà leur opposition de style et d'esprit, sont deux formes architecturales emblématiques de cette "urbanité rurale" que le XXᵉ siècle n'a pas trouvé d'intérêt à entretenir ou à promouvoir, mais qui pourrait bien revenir en force à notre siècle. Marseille est *à la fois* port et terroir.

Transformée ou sanctuarisée, cultivée ou protégée, vécue ou rêvée, arpentée ou ignorée, en friche ou en jardin, publique ou privée, vaste ou minuscule, délaissée ou domestiquée, déblayée ou remblayée, bâtie ou jardinée : la nature prend des formes multiples dans le territoire urbain marseillais – et toutes ces interactions entre ville et nature sont riches d'implications sociologiques. Depuis quelques années, cette particularité attire l'attention croissante d'un certain nombre d'artistes, de chercheurs, de militants, de politiques, qui commencent aujourd'hui à former ce qu'il est convenu d'appeler une "scène". Ces visions nouvelles et ces nouveaux usages encouragent à élaborer les principes d'un projet d'urbanisme qui fasse une vraie place à la nature en ville, et que le géographe et urbaniste marseillais Jean-Noël Consalès résume avec énergie dans sa formule d'"agri-urbanisme[2]".

Au moment où, se redressant très légèrement de quarante années de dépression économique et démographique, Marseille se prépare à endosser en 2013 les habits empesés d'une "capitale européenne de la culture", ce portrait de Marseille au naturel est aussi une invitation à replacer la culture dans la nature. Fondé sur une conception de la culture qui s'attache moins aux formes officielles des "arts" institués qu'à la vitalité spontanée des formes sociales, ce livre repose sur la conviction que, dans l'interaction singulière entre son terroir urbain et sa culture locale, Marseille est aujourd'hui en Europe une capitale de la nature. Non certes pas une "ville verte" ou une "capitale de l'écologie" mais, de façon bien plus intéressante, une ville rêvée pour renouveler notre conception de la nature, un lieu idéal pour éprouver cette vérité simple à quoi tout notre propos peut se ramener : *même en ville, on est toujours dans la nature.*

De Callipolis (la cité idéale de Platon) au plan Voisin de Le Corbusier, en passant par la cité de Dieu de Saint-Augustin, les démiurges n'ont pas manqué, au moins en Occident, pour voir que la forme des villes était à la fois le produit et la matrice des sociétés – à la fois leur expression et leur moule – et pour tracer d'en haut le plan plus ou moins révolutionnaire de sociétés idéales. Rien n'est donc moins neuf que l'idée de révolution urbaine, qui semble presque aussi ancienne que la ville et la civilisation ; l'histoire de la ville est ainsi celle d'une réinvention continue, bien qu'irrégulière. On verra que la révolution écologique de la ville – qui est tout le contraire d'une table rase – se fonde quant à elle sur une révolution dans la conception de *l'espace*.

L'espace n'est pas, n'a jamais été, cet arrière-plan inerte et orthonormé de nos vies humaines, que l'on surplombe et que l'on domine depuis le plan ; c'est l'extension dynamique de notre corps, qui en est lui-même le produit. Si je ne suis qu'un fragment de la chair du monde, il ne faut plus considérer la ville, dans sa dimension d'artefact, comme un "rêve de pierre", mais comme l'organisation même de nos sociétés d'habiles mammifères, comme leur forme matérielle objective, comme une réalité tout aussi épaisse, mystérieuse, intrigante, que notre propre intériorité – bref, comme une réalité fondamentalement *vivante*, et donc incompréhensible en dehors du fait biologique.

Le projet initial était de prendre Marseille comme le terrain d'une pensée écologiste émergente qui, par-delà la distinction obsolète entre sciences naturelles et sciences humaines, interroge la naturalité d'*Homo sapiens* comme "espèce urbaine". De l'idée de départ à la réalisation, ce livre a beaucoup gagné des rencontres en chemin. Il ne serait pas ce qu'il est sans Pascal Ménoret et Geoffroy Mathieu, alliés de la première heure et interlocuteurs permanents ; sans Julie de Muer, de Radio Grenouille, qui m'a donné carte blanche en 2008 pour le blog "Ville sauvage[3]", véritable banc d'essai de ce livre ; sans Sylvie Amar et Yannick Gonzalez, de la galerie*ofmarseille* ; sans la fréquentation régulière des artistes, collègues et amis Nicolas Mémain, Hendrik

Sturm, Jean-Luc Brisson, Mathias Poisson, Laurent Malone, Dalila Ladjal & Stéphane Brisset (collectif SAFI) ainsi que des chercheurs Christine Breton, Roger Malina, Jean-Noël Consalès et Carole Barthélémy. Enfin, pendant l'écriture du livre, le dynamisme du projet de sentier métropolitain GR 2013 a enrichi mon propos en lui donnant une dimension collective et un territoire élargi. Merci enfin à Marie-Marie Andrasch et Jean-Paul Capitani, des éditions Actes Sud, pour l'enthousiasme, la confiance et l'accompagnement dans la réalisation.

notes

1. Depuis l'atelier du Grenelle sur "la nature en ville" en 2009, le thème "ville-nature" (qui élargit la question de la biodiversité en ville aux autres enjeux du développement durable, comme le transport, l'énergie, la gouvernance, etc.) tend à occuper une part croissante de l'espace – lui-même croissant – accordé à la "ville durable". Uniquement à titre d'exemple, et de façon non exhaustive, citons l'ouvrage *Philosophie de l'environnement et milieux urbains* (dir. Thierry Paquot et Chris Younès, La Découverte, Paris, 2010) ; l'exposition *La ville fertile* à la Cité de l'architecture et du patrimoine en 2011, qui entend aborder la question de la nature en ville dans ses dimensions historique, sociale, culturelle, botanique autant qu'écologique ; une conférence Ville-Nature en novembre 2011 à Marseille, au Silo, dans le cadre des rencontres Métropolis lancées par Dominique Perrault en 2010 à la biennale de Venise. Avant cette période, il faut donc tenir pour des initiatives pionnières en France des ouvrages comme *Sauvages dans la ville* de Bernadette Lizet (MNHN, Paris, 1999), *Les animaux et la ville* de Nathalie Blanc (Odile Jacob, Paris, 2000) ou *Une écologie du paysage urbain* de Philippe Clergeau (Apogée, Rennes, 2007).

2. Communication personnelle, mars 2011, voir chapitre 15.

3. Plusieurs chapitres de ce livre ont été initialement des posts sur le blog "Ville sauvage" des blogs 2013 (2008-2009).

Je ne sais pas si je suis dans la nature,
ou si c'est la nature qui est en moi.

YANG JIN (1644-1728)

RATOPOLIS

Il semble l'animal urbain par excellence. Cet hôte indé-
logeable de nos villes est l'emblème d'une nature – moins pittoresque que celle des parcs – dont nous tâchons en vain de
nous débarrasser. Comme des mauvaises pensées indéraci-
nables, vivaces et têtues, les rats persistent dans nos profondeurs. Aussi avons-nous fini par nous y faire – pourvu qu'ils
aient la délicatesse de demeurer nocturnes et souterrains.
Mais qu'ils apparaissent en plein jour à la surface, et nous
voici saisis d'un sentiment très désagréable. "Ils ne décam-
pent même plus quand on s'approche", s'inquiète un commerçant de la rue de la Bonneterie dans *La Provence*[1].
L'angoisse accompagne en général le retour du refoulé ; et le
refoulé prend souvent figure animale.

A Marseille, Istanbul, New York ou Paris, quoi qu'on
fasse, il y a toujours un nombre de rats à peu près comparable au nombre d'habitants. Dans la doublure souterraine de
nos villes, le métro répète les avenues, et les rats, les citadins.
Evidemment difficile à dénombrer, la population des rats de
Manhattan est estimée, selon une fourchette à l'ampleur élo-
quente, entre trois cent mille et trois millions d'individus.
L'animal peut ensuite se montrer plus ou moins discret ; et à
Noailles, il est vrai qu'il donne l'impression d'être chez lui à
la surface. Un squatteur témoigne : "Tu dors avec les rats,

tu manges avec les rats[2]…" Les quelque mille cinq cents campagnes annuelles de dératisation menées par la mairie n'y font rien : il prospère. Certains prétendent même qu'il nous nargue. Car ce qu'on reproche au rat marseillais, ce n'est pas tant son nombre : c'est sa visibilité. Son sans-gêne confine à de l'arrogance. "Ils n'ont même plus peur des humains ! Ils nous regardent droit dans les yeux !", témoigne le même commerçant. N'y a-t-il en effet rien de plus désagréable que de voir une créature aussi vile prétendre au face-à-face ?

Le seul endroit où l'on parvient pour l'instant à "dératiser" efficacement, ce sont les îles. Quatre-vingts pour cent des îles du monde sont colonisées par les rats ; et le colon proliférant perturbe en général fortement la faune indigène. Les îles, qui ne représentent que trois pour cent des surfaces terrestres émergées, mais abritent quarante-cinq pour cent des espèces d'oiseaux, de plantes et de reptiles, constituent un important enjeu écologique. Au large des Calanques, sur l'archipel de Riou, où la présence des rats menaçait la natalité des oiseaux de mer protégés (comme les puffins), dont ils mangent les œufs, le Conservatoire-Etudes des écosystèmes de Provence (CEEP) a réussi à dératiser les différentes îles de l'archipel.

Qu'elle soit chimique ou biologique, on trouvera un jour, sans doute, une solution pour en débarrasser nos villes intégralement. Mais s'il est indispensable et plus aisé de lutter contre les rats dans les milieux insulaires, leur présence est moins gênante, d'un point de vue écologique, dans les villes. Et pour le moment, tous les efforts de notre génie biocide parviennent à peine à contenir les populations de rats urbains. Ce n'est pas pour rien que l'animal nous suit à la trace depuis des siècles : il est rusé, coriace, prolixe, socialement développé, maître dans l'art du faufilement et suprêmement adaptable.

Loin devant le goéland, le pigeon ou même le chien, le rat arrive en tête de ces animaux dits "synanthropiques", c'est-à-dire qui vivent dans le voisinage de l'homme. Bien que cette coexistence ne soit pas désirée par nous, le rat n'est pas pour autant un parasite[3]. Il fait partie des espèces "commensales", c'est-à-dire qu'il vit et se développe en se nourrissant de déchets ou d'une partie de la nourriture d'une autre espèce – en l'occurrence, de l'espèce humaine.

La cohabitation de l'homme et du rat – en général combattue par nous – prend aussi parfois d'autres formes, à la fois plus volontaires, plus cadrées et plus utilitaires. Une grande partie de la biologie du XIXe et du XXe siècle s'est écrite grâce à la collaboration des rats (bien involontaire de leur part). Leurs "organismes modèles" sont élevés et sacrifiés chaque jour par centaines dans toutes les paillasses des laboratoires du monde[4]. C'est d'ailleurs également le cas de la bactérie *Escherichia coli* – ce "rat intérieur" de notre organisme individuel –, principal constituant de notre "flore intestinale" et être vivant le plus étudié à ce jour. Il ne fait pas bon trouver sa pitance trop près des hommes.

Par ailleurs, les rats – surtout les rats bruns albinos – font partie (avec les souris, les tortues, les iguanes, les serpents, les grenouilles, etc.) des "nouveaux animaux de compagnie". Mais même lorsqu'ils deviennent des animaux de compagnie, les rats ne peuvent être considérés comme domestiques ; ce titre est réservé aux espèces que nous entretenons depuis assez de générations pour qu'elles aient acquis sous notre influence de nouveaux caractères héréditaires tels qu'elles se soient "désensauvagées". Bien que modifié par la présence humaine (et en particulier par les raticides), le rat demeure un bandit : il mange (presque) à notre table depuis des millénaires, mais il se passe toujours de notre approbation.

Serait-ce oublier trop vite la peste de 1720 ? C'est en effet en partie par les puces des rats que la peste – une bactérie découverte en 1874 et baptisée *Yersinia pestis* – se communique à l'homme ; plus encore, le réservoir naturel de cette bactérie de la peste, ce sont des rongeurs sauvages qui, lorsqu'ils la transmettent à des rats, dégénère vite en épidémie, car les rats sont très sensibles à ce bacille – c'est la raison pour laquelle la peste se propageait de port en port.

Les rats sont donc en effet indirectement responsables de dizaines de millions de morts humaines dans l'Europe prémoderne. Mais il est loin, le temps de la peste bubonique ; et depuis le XVIIIe siècle, le rat brun (*Rattus norvegicus*, rat d'égout, rat gris ou "rat des villes") a totalement remplacé son cousin le rat noir des greniers (*Rattus rattus*, rat noir ou "rat des champs"). La fable de La Fontaine est contemporaine de l'arrivée du rat norvégien. C'est le rat noir, encore présent à Marseille à l'époque de monseigneur de Belsunce, qui est probablement responsable de la contagion ; notre rat contemporain, *Rattus norvegicus*, n'est donc pour rien dans les cinquante millions de morts que fit la peste noire à Marseille en 1720, et en Europe au XIVe siècle. De nos jours, le principal inconvénient du rat consiste en ce qu'il peut arriver qu'il s'aventure, par un petit matin graisseux, jusque sur le pavé de Noailles pour "grignoter les câbles des feux de recul de nos voitures[5]".

Malgré sa proximité, et parfois sa familiarité avec l'homme, le rat demeure donc libre et indépendant – et il en paie le prix fort. Depuis des millénaires, il réussit l'exploit de vivre et de se développer aux côtés d'une espèce qui met tout en œuvre pour le supprimer. "Parmi les espèces que l'on ne peut dire ni sauvages, ni apprivoisées, on cite en général les rats et les souris qui hantent nos maisons", affirme Pline l'Ancien (*Histoires Naturelles*, chap. LXII). L'hésitation du zoologiste antique n'a pas lieu d'être : bien que parfaitement urbain, le rat demeure un sauvage. Le rappeur Le Rat Luciano, du groupe marseillais Fonky Family, ne s'y est pas trompé en se revendiquant de ce totem.

Dans le métro, à la gare Saint-Charles, dans les égouts, dans les galeries souterraines, sur les archipels de Riou et du Frioul, dans les rues, dans les immeubles, dans les caves : à Marseille, le rat est partout. Mais que peut-on aujourd'hui lui reprocher, à part de prendre peu de soin de lui-même, de n'en faire qu'à sa tête et de donner une "mauvaise image" de la ville ?

Notre meilleur ennemi, notre faux frère des profondeurs, envahit désormais les villes aussi en peinture : il est déjà depuis longtemps le héros du célèbre graffiteur londonien Banksy. Contre le puritanisme, mais également contre une écologie hygiéniste qui ne fait que renforcer ce que le philosophe américain Thomas Birch appelle "l'incarcération du sauvage", le rat marseillais, représentant le plus sauvage des animaux urbains – ou le plus urbain des animaux sauvages –, ne mérite-t-il pas au moins notre *sympathie* ?

Sans compter qu'au bilan de notre cohabitation avec le rat brun, il faut aussi inscrire, dans la colonne recettes, *plusieurs dizaines de tonnes* d'ordures organiques dont nous débarrasse chaque jour ce petit ami des sous-sols[6]. Continuons donc à dératiser s'il le faut, pour tâcher de contenir les populations – mais la démographie du rat n'est-elle pas davantage liée à la quantité de nourriture disponible ? En d'autres termes, à la quantité de déchets organiques que nous lui laissons ?

On conviendra qu'au bout du compte, le principal préjudice infligé par la présence du rat dans les rues de notre belle ville n'est aujourd'hui pas sanitaire, mais symbolique. L'intensité de l'amusement, de la curiosité, de la surprise, du désagrément, du dégoût ou de la panique que l'on peut ressentir à la vue d'un rat dépend essentiellement de jugements esthétiques et moraux qui reposent à leur tour sur l'idée que l'on se fait de l'hygiène, la propreté, et de notre propre animalité. Dans un monde tout à fait propre, aurions-nous encore une place ? Woody Allen, à qui l'on demandait s'il trouvait le sexe sale, répondait : "Oui, s'il est bien fait."

Devant l'inefficacité notoire de la dératisation et devant les dangers inévitablement associés à toute entreprise pesticide ou biocide, il ne nous reste plus qu'à savourer à sa juste valeur la présence de ces créatures de nos sous-sols, qui ont le mauvais goût de mimer notre propre prolifération et de se délecter de ce que nous laissons. Il serait peut-être de meilleure politique d'apprendre à tolérer ces mauvaises pensées souterraines, qui ajoutent à nos villes un je-ne-sais-quoi d'étrange, d'inquiétant et de musqué – un parfum animal qui persiste sous nos trottoirs policés. La société parallèle des rats est la basse continue qui ancre nos mélodies urbaines dans le monde naturel. Car la nature n'est ni verte, ni innocente, ni fleurie : à l'image exacte du cœur humain – qui en est sans doute l'expression la plus complète et la plus échevelée –, elle est puissante et virulente, mystérieuse et indénombrable.

notes

1. *La Provence* du 22 novembre 2007.

2. France 2, 13-heures, octobre 2007.

3. Parasite : organisme vivant à l'intérieur ou à la surface d'un autre organisme, aux dépens de celui-ci et parfois en le tuant.

4. Il y aurait chaque année, rien qu'en France, 2 035 445 rats et souris tués dans les laboratoires (source : association Droits des animaux). A l'échelle de la planète, depuis vingt ans, cela se compte donc en centaines de millions.

5. *La Provence*, *idem*, *dixit* le garagiste.

6. Estimation de 800 tonnes à Paris, chiffre non disponible à Marseille.

Plus une culture devient civilisée, plus elle se distancie elle-même de la communauté biotique. "Civilisation" veut dire "urbanisation" – habiter dans, et participer à un environnement artificiel, humanisé ; et percevoir en conséquence l'extériorité et l'aliénation de la nature. Avec le développement de la civilisation, les entités naturelles non humaines ont été dépossédées de leur statut, qui en faisait des membres importants de la communauté morale.

J. BAIRD CALLICOTT

L'ESPÈCE URBAINE

Voici donc un livre de plus sur la ville, dans une bibliothèque qui en compte déjà des milliers. Peut-être parce que l'écriture est née en ville, nos livres sont pleins de cette matrice à laquelle ils ne cessent de revenir rendre hommage. L'écriture est apparue dans différents foyers de civilisation[1], mais il s'agissait toujours de lieux où l'agriculture était depuis longtemps développée et qui étaient en pleine croissance urbaine. Etymologiquement, le civilisé est un citadin ; la campagne, plus traditionnellement orale, n'est souvent pour la ville que le miroir de son propre raffinement – de sa propre supériorité culturelle. Et même si, depuis "la ville impure", on idéalise l'innocence des mœurs paysannes, une telle angoisse de corruption renforce plutôt qu'elle n'affaiblit la conviction des citadins d'être "les civilisés", les vrais humains.

La poésie pastorale ou bucolique, que ce soit à l'Antiquité ou au XVIe siècle, émanait rarement d'écrivains agriculteurs ; et même les grandes figures du *nature writing* américain sont bien souvent des urbains – Henry Thoreau est l'homme de Concord, une grosse bourgade du Massachusetts comptant cinq mille habitants en 1840 ; quant à Edward Abbey, homme des parcs plutôt que d'élevage, *ranger* plutôt que berger, il prend soin de finir le récit de son *Désert solitaire* par la mention d'un heureux retour à New

York. Bien qu'il existe de grands écrivains de la nature qui revendiquent leur ruralité (citons Jean Giono ou Jim Harrison), il n'en reste pas moins que les livres, massivement, ont la ville pour élément, quand ils ne l'ont pas aussi pour objet. On parle de littérature pastorale ou de *nature writing* ; on ne parle pas – ce serait tautologique – de "littérature urbaine" ou de *city writing*.

Convaincu que l'avènement du livre imprimé avait ravi à l'architecture son primat culturel, Victor Hugo lit à rebours la ville comme un immense livre, mêlant et confondant l'architecte et l'écrivain en une même figure générique du "Civilisateur" :

> "Les villes sont des bibles de pierre. Celle-ci n'a pas un dôme, pas un toit, pas un pavé qui n'ait quelque chose à dire dans le sens de l'alliance et de l'union, et qui ne donne une leçon, un exemple ou un conseil. Que les peuples viennent dans ce prodigieux alphabet de monuments, de tombeaux et de trophées épeler la paix et désapprendre la haine. (...) Le genre humain a deux livres, deux registres, deux testaments, la maçonnerie et l'imprimerie, la bible de pierre et la bible de papier[2]."

En rupture nette avec cette complicité civilisatrice de la ville monumentale et de la culture écrite, Marseille est peu assidue à l'un comme à l'autre. La ville, qui ne cesse de s'excuser d'avoir aussi peu de monuments et un taux aussi faible de ventes de livres par habitant, semble parfois courir en vain après une conception de la civilisation qui n'est pas la sienne. L'urbaniste Charlie Bové touche juste en déclarant que "le grand monument de Marseille, c'est sa population[3]" ; ajoutons-y l'oralité persistante de cette population. Par-delà la ville écrite et monumentale du christianisme, Marseille, ville d'avant le Livre, a gardé quelque chose de païen dans la précarité et la sensibilité de son rapport au monde, qui nous invite à penser la civilisation autrement.

Si la "civilisation" est donc indissociable de la ville, cette alliance historique a cependant pris un sens nouveau depuis l'industrie. La ville – monument de la sédentarité – est certes née de la révolution agricole du néolithique qui, en arrachant les hommes à leur nomadisme, les a placés dans un enracinement tout végétal. Mais la révolution industrielle (cette deuxième grande rupture dans l'histoire de notre espèce) a à son tour transformé la réalité urbaine de façon si colossale, si radicale, si quantitative, qu'elle l'a qualitativement modifiée. La ville moderne est *autre chose* que la ville prémoderne. C'était hier une clairière de civilité dans un monde naturel menaçant ; c'est aujourd'hui une toile mondiale totale, qui menace la santé même de la biosphère.

Dès avant l'apparition de l'écologie, cette explosion de la ville a depuis un siècle et demi fait l'objet d'un nombre de recherches, de prospections, d'études, d'enquêtes, d'essais, de romans, de recueils de poésie, tout aussi proliférants que le phénomène urbain lui-même. Il y a un étalement des études urbaines – les villes envahissent nos bibliothèques.

Pionnière du genre, la sociologie urbaine de Chicago est née dans les années 1920 d'un contexte de crise : explosion démographique et profonde crise sociale (avec la "grande migration" des Afro-Américains venus du Sud des Etats-Unis). Et plus généralement, une grande partie de la gigantesque littérature urbaine est marquée par la volonté de diagnostiquer et éventuellement de guérir une maladie dont la ville moderne serait à la fois le symptôme et la cause – tout au long du XXᵉ siècle, de part et d'autre de l'Atlantique, les études sociologiques sont inséparables des "politiques de la ville". "La ville est aujourd'hui malade, la société aussi." La première phrase de l'*Histoire de la ville* de Paul Blanquart[4] est caractéristique du genre ; l'autre attitude courante étant celle, symétrique, par laquelle l'auteur, tirant son parti de notre impuissance individuelle, ne cède à la fascination pure et simple pour les aberrations de la ville contemporaine, et ne fasse du dérèglement urbain une norme culturelle – c'est le cas du célèbre *New York délire* de Rem Koolhaas, "manifeste rétrospectif" de Manhattan et petit manuel du postmodernisme urbain.

Nos villes sont devenues "ces plaques immenses et denses" que le philosophe Michel Serres[5] décrit, dans une cruelle objectivité, comme la réalité concrète de l'humanité contemporaine.

"Visible la nuit par satellite comme la plus grosse galaxie de lumière du globe, en tout plus peuplée que les Etats-Unis, la supergéante mégalopole Europe part de Milan, franchit les Alpes par la Suisse, longe le Rhin par l'Allemagne et le Benelux, prend l'Angleterre en écharpe après avoir traversé la mer du Nord et finit à Dublin, passé le Canal Saint-George. Ensemble social comparable aux Grands Lacs par sa taille, l'homogénéité de son tissu et son emprise sur le monde, cette plaque bouleverse depuis longtemps l'albédo, la circulation des eaux, la chaleur moyenne de la formation des nuages ou des vents, pour tout dire les éléments, plus le nombre et l'évolution des espèces vivantes, dans, sur et sous son territoire. Le rapport de l'homme et du monde aujourd'hui, le voilà. (...) Il existe désormais des lacs d'hommes, acteurs physiques dans le système physique de la Terre. L'homme est un stock, le plus fort et connecté de la nature. Il est un être-partout. (...) Oui, les mégalopoles deviennent des variables physiques : elles ne pensent ni ne paissent, elles pèsent."

En rompant l'équilibre ancestral entre ville et campagne (une répartition spatiale aussi bien qu'économique), la révolution industrielle a également rompu l'équilibre écologique, c'est-à-dire la relation entre l'espèce humaine et le reste du monde vivant. La ville contemporaine – mue par le pétrole, étale et interconnectée – est la forme objective de cette rupture.

L'industrie est née dans le creuset de la ville ; mais elle a en retour modifié la matrice de la civilisation. En d'autres termes, l'industrie est une révolution culturelle, dont la ville est le temple et le laboratoire.

L'industrie a entraîné quatre révolutions majeures qui, en changeant la forme des villes, ont également bouleversé la culture (c'est-à-dire la conception du sens que nous donnons à la vie) aussi bien que l'état de la biosphère, d'abord en Occident au XIXe siècle, puis dans le monde entier au XXe siècle : 1) l'exode rural et la transformation des paysans en ouvriers ; 2) la "libération démographique" entraînée par l'invention de l'hygiène (consécutive à l'identification des "microbes" grâce au microscope) qui met fin à des millénaires de mortalité urbaine ; 3) l'invention du moteur à explosion qui a structuré les villes, non plus autour de corps humains, mais autour de véhicules autopropulsés à quatre roues d'environ une tonne ; 4) l'invention de l'acier et du béton enfin, qui a permis de démultiplier la vitesse, les quantités et les possibilités de construction. Parmi de très nombreux autres éléments, ceux-ci suffisent à expliquer une bonne part de l'aspect du monde tel que nous le connaissons : 1) une démographie exponentielle ; 2) de plus en plus massivement urbaine ; 3) avec de moins en moins de terres agricoles ; et 4) de gigantesques réseaux de transport (matériel et électrique) reliant à travers les continents toutes les villes les unes aux autres.

L'existence de la ville moderne, postindustrielle, donne son plus grand crédit intuitif et sensible à l'idée métaphysique d'une séparation entre l'homme et la nature (voire d'une *disparition de la nature*, réduite au statut de simple ressource de notre activité productrice) ; elle fonctionne pour ainsi dire comme *le produit et la preuve* d'une telle croyance.

C'est précisément à ce délire que l'écologie vient mettre un terme.

Redécouvrir la nature en ville (et la ville dans la nature) revient en effet à suspendre, dans le lieu même où il a émergé, le "grand partage" entre homme et nature qui a fondé le socle moderne de la civilisation industrielle. L'écologie urbaine, en mettant fin au projet de la ville comme "monde humain", est lourde d'implications culturelles. La pensée écologiste a pour horizon une vaste *désurbanisation de la culture* – ou sa renaturalisation. Pour l'écologie philosophique, la civilisation, loin d'être le contraire de la nature, doit être l'écrin qui la sublime.

Au sein de la mégaville mondiale, Marseille occupe une position trois fois marginale – qui en fait une exception à trois titres : d'abord, elle est sur la ligne de partage entre l'Occident et l'Afrique ; ensuite, on l'a dit, c'est une "ville rurale", comme en témoignent le degré inhabituel du sentiment d'enracinement ou encore la persistance du primat de l'oralité. Dans sa conformation géographique, le Marseille contemporain garde encore une trace du rêve de l'urbaniste britannique Ebenezer Howard, qui souhaitait concilier dans ses cités-jardins les avantages combinés de la vie urbaine et de la vie rurale[6]. Une troisième singularité marseillaise, c'est qu'après avoir été l'un des plus grands ports industriels au monde au XIXe siècle, elle soit aujourd'hui une petite ville de province, dont la population est inférieure à celle des années 1930[7]. Comme Detroit ou Leipzig, Marseille appartient donc au petit club de ces villes violemment désindustrialisées, en déclin démographique, qu'on a appelées les "villes rétrécies" ou *shrinking cities*. Du point de vue de l'occupation spatiale, cela signifie par exemple que Marseille s'était préparée dans les Trente Glorieuses à accueillir beaucoup plus d'habitants que ce qu'elle en compte finalement. Son étalement urbain a donc croisé sa baisse démographique dans un "effet ciseau" qui explique sa faible densité de population. Parce que le destin de cette ville rurale fut, au siècle de l'explosion urbaine mondiale, de rétrécir, Marseille est cette ville vaste, pauvre et pleine de vide, pleine de trous – c'est-à-dire pleine de vie.

Marseille en est ainsi venue, un peu malgré elle, à constituer un lieu de vie privilégié pour qui s'intéresse à la chose urbaine, puisque l'on peut y faire simultanément l'expérience d'une culture urbaine prémoderne qui s'obstine, des ruines spectaculaires de la ville industrielle, et de la préfiguration involontaire de ce que pourrait être la "ville-nature" de demain.

1. En Mésopotamie vers -3300, en Egypte vers -3200, à Chypre vers -2200, en Crète vers -1900, en Chine vers -1400 et en Amérique centrale vers -900 (Wikipédia).

2. Victor Hugo, *Paris*.

3. Communication personnelle, 2006.

4. Paul Blanquart, *Une histoire de la ville*, La Découverte, Paris, 1997.

5. Michel Serres, *Le Contrat naturel*, François Bourin, Paris, 1990.

6. "Il y a, en réalité, non pas seulement comme on l'affirme constamment, deux possibilités – la vie à la ville et la vie à la campagne – mais une troisième solution, dans laquelle tous les avantages de la vie de ville la plus active et toute la beauté et les délices de la campagne peuvent être combinés d'une manière parfaite." (*Garden-Cities of Tomorrow*, 1898).

7. En 2008, il y avait 851 420 habitants à Marseille (INSEE), soit plus de 60 000 de moins qu'en 1936 (914 232 habitants), qui fut l'apogée démographique de son histoire (source : Cassini).

LA GRANDE DOMESTICATION

Comme dans la coupe d'un arbre, l'avancée du territoire urbain marseillais au fil des siècles demeure lisible dans une série de couronnes successives. Autour du Panier tortueux de l'ère antique et médiévale (la "médina" marseillaise), une première couronne Belsunce-Saint-Victor, au plan plus géométrique, porte la marque de l'Etat royal (XVIIᵉ siècle) et, en installant la ville de l'autre côté du Vieux Port (quai Rive Neuve), donne à Marseille une forme de fer à cheval – un fer à cheval que le début du XXᵉ siècle va commencer à épaissir et déformer en ouvrant de nouveaux quartiers (Belle de Mai, Cinq-Avenues, rue Paradis...). Au nord et à l'est de cette ville, dans le terroir des bastides et des villages, on a mentionné le chaos qu'installe la "ville-port" de l'industrie – un chaos encore augmenté par le béton de la Reconstruction et des Trente Glorieuses (autoroutes pénétrantes et grands ensembles)[1].

Tout autour du "fer à cheval", la Marseille triomphale du XIXᵉ siècle cerne le centre-ville avec ses monuments homogènes[2], de la cathédrale de la Major à Notre-Dame de la Garde, de la rue de la République (inaugurée en 1864) à la chambre de commerce et d'industrie (conçue en 1834 ; inaugurée en 1860), de la gare Saint-Charles (1848 ; escalier en 1926) au palais Longchamp (conçu en 1839 ; inauguré en 1869). Avec la Bourse du commerce, les églises, la gare et le château d'eau, la métropole

Palais Longchamp : allégorie
de la Durance, encadrée par le Blé
et la Vigne. © D.R.

coloniale en plein essor met en scène sa puissance industrielle et commerciale. Un motif revient dans plusieurs de ces bâtiments monumentaux : les statues de femmes nues – à la fois géométriques et plantureuses –, qui viennent incarner deux grandes conquêtes récentes et décisives, les colonies (à Saint-Charles et à la Bourse), et l'adduction d'eau (à Longchamp).

Au point d'arrivée de l'eau de Durance sur le plateau de Longchamp, une œuvre imposante, haute d'une dizaine de mètres, est constituée d'un char qui se dirige vers la ville, et où trônent trois personnages féminins : la Durance, encadrée par le Blé et par la Vigne. Au pied de l'escalier de la gare Saint-Charles, à l'époque où Marseille est la tête de pont de l'Empire français à son apogée, le même type de femmes dénudées représentent l'Afrique et l'Asie. Par ces femmes, dont la chair sensuelle est maîtrisée par la régularité de la machine, l'homme industriel semble pompeusement célébrer la domestication en cours des forces de la nature. Le monument allégorique, dans son néoclassicisme, dans sa signification claire et distincte, est le symbole même d'un monde sans mystère – un monde humanisé.

Mais quoi que l'on pense, d'un point de vue esthétique ou éthique, de ce festival symétrique d'allégories, le palais Longchamp, monumental château d'eau de Durance, est cependant le témoin spectaculaire de ce qui est probablement le tournant majeur dans l'histoire urbaine universelle : l'invention et la mise en œuvre de l'hygiène en ville.

Le Canal de Marseille s'est certes révélé comme une révolution agricole, en transformant en terres fertiles (permettant des cultures maraîchères) des sols que l'on pensait stériles, capables de porter seulement les cultures méditerranéennes sèches de la vigne et de l'olivier. On peut ainsi, comme le propose le paysagiste Christian Tamisier, voir en Longchamp "le seul monument dédié au terroir et à la ruralité marseillaise[3]". Le Canal marque en effet rétrospectivement la naissance d'une "campagne marseillaise" florissante ; mais ce n'est pas d'abord pour des raisons agricoles que l'on a soudain entrepris quinze ans de travaux pharaoniques (quatre-vingts kilomètres dont dix-sept kilomètres en souterrains, et dix-huit ponts) : c'est pour le choléra.

En 1834, une sécheresse entraîne la chute brutale du débit de l'Huveaune, alors source principale de l'eau pour les habitants de Marseille. De soixante-quinze litres par jour et par habitant, la rivière passe à un litre ; il n'y a plus d'eau propre dans la ville. Une épidémie de choléra éclate : huit cent soixante-cinq morts. L'année suivante, le triple (deux mille cinq cent soixante-seize). L'eau des rivières et des puits ne suffit plus devant l'augmentation de la démographie marseillaise, qui a atteint cent cinquante mille habitants. C'est face à cette situation sanitaire angoissante (qui réactive le spectre de la peste de 1720) que le maire Maximin Consolat décide en 1834 la construction d'un canal qui détournera vers Marseille les eaux de la Durance, "quoi qu'il advienne et quoi qu'il en coûte". La ville grecque pouvait bien vivre sur la grande nappe phréatique du Panier, cette "seconde mer[4]" ; mais la ville industrielle a maintenant besoin d'un vrai fleuve. Marseille n'en a pas ; elle va donc le faire venir à elle.

Le projet du canal est donc antérieur à l'apparition de la médecine pasteurienne. En 1834, on ignore encore jusqu'à l'existence des agents pathogènes comme les germes ou les bactéries ; le mot de "microbe" (*micro bios*, "vie minuscule") apparaît seulement en 1878, sous la plume d'un médecin français aujourd'hui oublié, un mois avant que Pasteur fasse à l'Académie de médecine la communication historique, "La Théorie des germes et ses applications à la médecine et à la chirurgie", dans laquelle des êtres vivants microscopiques sont déclarés responsables de maladies (30 avril 1878). Dans les années 1830, si l'on ne pouvait pas douter que la peste était contagieuse, le rapport avec l'eau, loin d'être établi, n'était qu'une hypothèse parmi d'autres, largement dominée par la "théorie des miasmes" selon laquelle c'est par les odeurs que se transmettent les épidémies.

Avant Pasteur, le vrai tournant a lieu en 1854 – vingt ans après la décision de la construction du canal de Marseille. Suite à une grave épidémie de choléra à Londres, c'est à cette date qu'on commence à suspecter la transmission du choléra par l'eau ; et c'est aussi en 1854 que l'anatomiste italien Filippo Pacini isole pour la première fois la bactérie *Vibrio cholerae*, responsable de la maladie. Vingt ans auparavant, en pleine médecine des miasmes, Marseille avait donc fait un choix urbain salvateur et précurseur en construisant le canal.

Dans son précis intitulé *Ecologie urbaine, Entre la ville et la mort* (Infolio, Paris, 2008), le chercheur suisse Jacques Vicari[5] montre que le phénomène le plus déterminant dans l'histoire du monde urbain depuis l'apparition de la ville est la découverte de ces germes, virus et bactéries, qui permettra enfin à la ville de cesser d'être ce lieu de maladie et de mort qu'elle avait été pendant des millénaires. Le rassemblement sur un espace limité d'une grande quantité d'individus de la même espèce entraîne fatalement la prolifération d'espèces commensales et de parasites en tout genre, visibles ou non par l'œil humain. Sous cet angle, la ville est une forme de monoculture : or la monoculture est toujours une violence – elle est littéralement "contre-nature" – et favorise les épidémies, de peste ou de sauterelles. Système instable et malsain qui ponctionne les individus sains des campagnes, la ville est pour Vicari un mouroir, qui jusqu'à la révolution sanitaire pèse sur la démographie mondiale. Inversement, la période à partir de laquelle on découvre l'existence de ces germes et où l'on identifie l'eau comme leur vecteur principal de transmission, marque le début du souci de l'hygiène, qui est un facteur-clé dans la "libération" de la démographie mondiale – et de l'explosion urbaine. Alors qu'il a fallu des dizaines de millénaires pour atteindre un milliard d'habitants en 1800, le second sera atteint seulement cent cinquante ans après ; et à partir de 1960, la population humaine mondiale s'enflera au rythme régulier d'un milliard tous les douze ans. En Europe, la population urbaine est devenue majoritaire, selon les pays, entre la fin du XIXᵉ et le début du XXᵉ siècle ; et dans le monde, on sait qu'elle a désormais dépassé, depuis la fin des années 2000, la population rurale.

Le palais Longchamp rappelle donc, en ce milieu de XIXᵉ siècle (et avec un temps d'avance), le rôle majeur de l'eau et de l'hygiène dans l'essor de la ville industrielle, qui est désormais en marche pour grossir ses rangs et étendre son territoire à l'ensemble de la planète. Industrie, hygiène, expansion urbaine et expansion coloniale sont d'ailleurs solidaires : achevé en 1849, le canal de Marseille est contemporain de l'arrivée du train gare Saint-Charles (1848) et de la conquête et de la colonisation de l'Algérie (1847)⁶ – dans ces "trois années qui changent tout".

Le style triomphal du palais Longchamp (conçu en 1839, achevé en 1869) s'explique certes par l'aboutissement d'un colossal effort matériel (économique et humain) qui débouche sur la résolution tant attendue d'un énorme problème de santé publique ; mais il est indissociable de ce grand tournant de l'histoire humaine : le sentiment du triomphe de la "civilisation" sur la "nature" – la réalisation concrète d'une distinction homme/nature qui jusque-là n'était qu'une vision de philosophe. En dépit du fait que le canal révèle la fertilité insoupçonnée du terroir marseillais, le palais Longchamp ne saurait être lu comme un monument païen consacré aux éléments : c'est leur domination par l'homme, non leur naturalité, qu'il exalte. Et en dépit de la vague inspiration antique, la statue de la Durance n'a rien d'une nouvelle Artémis – la déesse de la chasse, située entre le monde civilisé et le monde sauvage, qui avait son temple à côté de celui d'Apollon dans la Massalia antique[7]. D'Artémis, cette Durance n'a ni le mystère, ni la profondeur ; ni l'aura, ni l'autorité. La déesse est maintenant à portée de main, dans la ville, grâce au génie humain. Et que la Durance soit *femme* permet plutôt ici de suggérer qu'elle est à la fois humanisée et soumise à l'homme (masculin). L'idéologie de la domination de la nature par la civilisation, c'est aussi celle de la femme par l'homme, de "l'indigène" par l'Occidental. Les dieux grecs avaient certes forme humaine, mais ils restaient des dieux ; ces statues d'humains divinisés du début de l'ère industrielle tentent vainement de masquer que c'est désormais la machine qui est au cœur du projet de civilisation.

La domestication (du latin *domus*, "maison") – la modification d'une espèce animale sous influence humaine –, c'est l'acte de faire entrer un être sauvage dans la maison et de l'y acclimater. Et de fait, en parvenant à faire entrer les forces de la nature dans nos villes, nous avons *civilisé* le monde – au sens purement étymologique du terme : nous l'avons urbanisé. C'est pourquoi l'antienne selon laquelle l'écologie serait "une science de notre maison la Terre" est si ambiguë. L'écologie est formée sur le grec *oïkos* ("maison"), non pas parce que la Terre serait "notre maison", mais parce que l'écologie est la science de *l'habitat* – de la relation entre les êtres vivants et le milieu où ils vivent. L'écologie est donc une invitation à penser "l'habitat" autrement que sur le mode humain de la *maison* – l'emblème de la récente sédentarisation humaine. Il ne s'agit pas de "protéger la planète", mais de *dédomestiquer l'habitat*.

L'idée de dégénérescence – liée à "l'excès de civilisation", de débauche de confort matériel, apporté par la révolution industrielle – sera l'une des grandes angoisses du début du XXᵉ siècle, et en particulier de l'entre-deux-guerres. C'est l'un des grands thèmes des fascismes que de se présenter comme l'antidote d'une telle dégénérescence. En Allemagne, *contre* l'idée de la "causalité juive" dans la supposée décadence de la race allemande, le fondateur de l'éthologie Konrad Lorenz développa, en 1940, une théorie alternative de la dégénérescence : la théorie de "l'autodomestication" – qui serait selon lui endémique à l'homme occidental[8]. En se libérant partiellement des mécanismes naturels de la sélection, la race humaine se serait placée *dans les mêmes conditions que les animaux domestiques*. Comparant l'homme civilisé aux animaux domestiqués, Lorenz prétend y retrouver trois symptômes typiques de la "dégénérescence domestique" : manque de contrôle des mécanismes de l'appétit pouvant entraîner l'obésité ; problèmes de régulation de la sexualité et hypersexualisation ; régression infantile des individus, les adultes se comportant comme des individus immatures (dépendance parentale et activité ludique). Obésité, obsession sexuelle, névrose... la liste est troublante. La bestialité serait-elle du côté de la civilisation ?

Ce dont il s'agit avec la pensée écologiste, c'est bien de préserver la civilisation de la domestication – et très précisément d'éviter que la terre devienne "une maison".

notes

1. Thierry Durousseau, *Ensembles et résidences à Marseille 1955-1975 : vingt années formidables*, Bik&Book éditions, Marseille, 2010.

2. Pour beaucoup conçus ou construits par le même architecte, Henri-Jacques Espérandieu (1929-1974) : Major, palais Longchamp, Notre-Dame de la Garde, palais des Arts.

3. Christian Tamisier, communication personnelle, 2011

4. P. Vidal-Naquet, *Les Ruisseaux, le Canal et la Mer : les eaux de Marseille*, L'Harmattan, Paris, 1995.

5. Architecte, directeur du Centre universitaire d'écologie humaine et des sciences de l'environnement de l'université de Genève.

6. Débarquement de l'armée d'Afrique à Sidi-Ferruch : 1830 ; reddition d'Abdel-Kader : 1847.

7. Strabon rappelle en termes géographiques la prééminence à Massalia du culte d'Artémis : "La ville de Massalia, d'origine phocéenne, est située sur un terrain pierreux ; son port s'étend au-dessous d'un rocher creusé en forme d'amphithéâtre, qui regarde le midi et qui se trouve, ainsi que la ville elle-même dans toutes les parties de sa vaste enceinte, défendu par de magnifiques remparts. L'acropole contient deux temples, l'Ephesium et le temple d'Apollon Delphinien : ce dernier rappelle le culte commun à tous les Ioniens : quant à l'autre, il est spécialement consacré à Artémis d'Ephèse." Strabon, *Géographie*, IV, 1, 4.

8. Konrad Lorenz, *Désordres causés par la domestication du comportement spécifique à l'espèce (Durch Domestikation verursachte Störungen arteigenen Verhaltens)*, 1940.

L'INVENTION
DE L'ÉCOLOGIE URBAINE

Depuis une quinzaine d'années, quelques chercheurs français, autour de l'écologue Philippe Clergeau et de la sociologue Nathalie Blanc, ont ouvert en milieu urbain un nouveau terrain de recherche pour l'écologie scientifique et l'étude des représentations de la nature en ville, sous l'effet d'un triple constat écologique, sociologique et politique : 1) l'espace urbain accueille davantage de vie végétale et animale que les espèces attendues, désirées et implantées ; 2) il existe une demande sociale de nature en ville, qui dépasse l'offre un peu trop "sage" des parcs et jardins ; et 3) le cadre de la "ville durable" constitue un contexte politique favorable pour développer la recherche en écologie urbaine. Ces travaux ont pris corps en 2009 à travers le lancement ambitieux du projet de recherche sur les "trames vertes urbaines" qui, habilement embrayé au même moment dans les ateliers du Grenelle de l'environnement, a entraîné une spectaculaire montée en puissance du thème de la nature en ville[1].

La présence à Marseille de ce projet de recherche national d'écologie urbaine, concomitante de l'explosion du thème au plan national, et du virage "durable" de l'établissement public d'aménagement urbain Euroméditerranée, a produit des mobilisations politiques nouvelles et des consensus inhabituels[2]. Pour ainsi dire inexistant avant 2009, le thème de la nature en ville s'est ancré en deux ans dans le paysage des politiques locales.

Philippe Clergeau raconte comment ce sont les oiseaux qui l'ont amené, au début des années 1990, à l'étude des écosystèmes en milieu urbain.

"A la base, je suis un biologiste, spécialisé dans les oiseaux. J'ai d'abord travaillé pour l'INRA, sur la question des «ravageurs des cultures». J'ai travaillé sur les corvidés, les étourneaux, les goélands, dans l'espace rural. Mes oiseaux se sont peu à peu installés dans les villes – j'ai suivi mon objet. J'ai donc proposé à l'INRA des recherches sur les oiseaux en ville. Forcément, ça les intéressait peu. D'entrée, cette distinction ville/campagne – qui structurait non seulement l'opinion commune, mais aussi les politiques – m'a placé au cœur des problèmes de gouvernance.

Mon premier travail sur la ville est un rapport pour le ministère de l'Environnement, sur «les nouveaux oiseaux dans la ville». Dans ce domaine des oiseaux en ville, on était une petite communauté de chercheurs dans le monde. On est une génération à avoir défriché le sujet dans les années 1990 : Kevin J. Gaston en Angleterre, Maciej Luniak en Pologne, Robert B. Blair aux USA.

J'ai alors découvert que la ville n'était pas faite pour le biologiste : elle appartenait au champ des sciences humaines. Dans ce qui est quasiment l'un des premiers colloques français organisés sur l'écologie urbaine en France (à la Villette en 1996), il n'y avait que des philosophes – des gens spécialisés en sciences humaines. Avec Christian Garnier, nous avions fait des introductions qui ont soulevé une forte contestation – l'un des penseurs de la ville les plus en vue m'avait dit : «L'écofascisme ne passera pas.» J'étais abasourdi. Du coup, je suis allé travailler à l'étranger – avec des Canadiens, des Italiens, des Finlandais.

Muni des outils de l'écologie du paysage, j'ai trouvé une méthode d'approche pertinente pour passer de la question des oiseaux à la question de la biodiversité en général dans l'espace urbain. L'écologie du paysage fournit une approche holistique : elle permet de s'intéresser à l'espace urbain comme à un système, comme à un tout, lui-même inscrit dans un espace régional. En découvrant l'écologie du paysage, j'ai été tout de suite convaincu (là où de nombreux collègues discutaient l'idée) – je tenais mon paradigme pour une écologie urbaine[3]."

Tentons donc de délimiter l'objet de l'écologie urbaine. Le modèle "classique" de l'écologie – l'*écosystème*, avec ce que la notion comporte de relativement isolé et de relativement homogène, comme par exemple un lac, une île ou un bois – convenait mal à l'étude du vivant en milieu urbain, extrêmement "perturbé", modifié et fragmenté. Les écologues se sont donc saisis d'une évolution récente de l'écologie, apparue dans les années 1980 : "l'écologie du paysage". Le propos de l'écologie du paysage était justement, en effet, de développer des outils théoriques pour l'analyse de la vie à une échelle supérieure de celle de l'écosystème, dans des milieux précisément modifiés et fragmentés – par les routes et autres installations linéaires de l'ère industrielle.

En cherchant à dépasser l'échelle de l'écosystème – un lac, un bois, une prairie, une petite île – pour parvenir à étudier des ensembles plus larges, de l'échelle d'une montagne ou d'une vallée, le Français Michel Godron et l'Américain Richard T. T. Forman ont défini, en 1986, les principes de l'écologie du paysage ou *landscape ecology*[4]. En partant du principe théorique que l'homme et ses aménagements font partie du paysage, et de la conviction pratique que "le paysage" est une bonne échelle et un bon concept pour dialoguer avec les aménageurs, l'écologie du paysage a été conçue comme une "science d'action" qui vise à décrire l'état écologique, non pas seulement pour documenter le présent, mais pour tenter d'améliorer le cours des choses. Quels outils d'analyse nouveaux faut-il élaborer pour avoir une lecture efficace de l'évolution des espaces naturels modifiés ?

Forman et Godron définissent le paysage comme "une portion de territoire hétérogène, composée d'ensembles d'écosystèmes en interaction dont l'agencement se répète de manière similaire dans l'espace[5]." Cet objet nouveau est une sorte d'écosystème "au carré", proche de ce que deux chercheurs français, Blandin et Lamotte, ont de leur côté appelé l' "éco-complexe" (1988). Dans le paysage de Forman et Godron, il s'ajoute cependant l'idée que l'agencement d' "écosystèmes en interaction" forme un motif, une structure, qui se répète de façon analogue au sein d'un paysage donné. Le paysage est ainsi défini par une dialectique subtile entre la *variété* interne des espaces considérés et la répétition de cette variété ; c'est précisément *la répétition de cette variété* qui fait paysage. Si l'on considère, par exemple, la plaine agricole d'Aubagne, on est face à un ensemble relativement homogène structuré par la répétition de parcelles hétérogènes – la trame rurale des cultures maraîchères (champs et serres) est encore dominante, bien que mitée de lotissements et de routes. On a bien là un objet à la fois divers et relativement unifié ; une sorte de puzzle dont les différentes pièces, bien que séparées, sont semblables.

Là où l'écosytème est le modèle d'un bout de nature vierge, régie par ses lois internes, un échantillon authentique de la biosphère, le paysage est par définition un objet modifié. A l'échelle du paysage, à la fin des années 1980, les effets de l'action humaine sont partout visibles, et souvent structurants des conditions de vie des espèces présentes. Dans les conceptions de l'écologie naissante de la première moitié du XXe siècle (celle de Warming, Clements, Tansley), l'homme n'est présent que sous la figure du "perturbateur" : c'est-à-dire comme une causalité extérieure à l'objet considéré ; et ce, par exemple, dès *L'Ecologie des plantes* de Warming en 1896[6]. Dans l'écologie du paysage en revanche, la présence et l'action humaine sont d'entrée pris en considération, et le sont même en amont de la constitution de leur objet : *l'écologie du paysage est l'écologie du "paysage modifié" par l'homme industriel* ; l'écologie d'un monde où les infrastructures humaines ont colonisé le tissu de la biosphère. Là où dans l'écosystème, l'homme demeure en position d'extériorité, il est en revanche conçu comme déjà là dans le paysage ; car il a contribué à le modeler depuis l'invention de l'agriculture. Et la présence humaine est en particulier lisible dans les *lignes droites*, qui créent la dimension "mosaïquée" du paysage : évidemment et avant tout les routes (et autres chemins de fer, canaux bordés de grillages), mais également les haies du bocage ou les chemins. Si certaines de ces lignes sont clairement des frontières, parfois infranchissables, pour de nombreuses espèces terrestres (comme les routes et les autoroutes), d'autres sont au contraire des lieux de passage, comme par exemple les haies. Parfois la même structure constitue une barrière pour certaines espèces, et un passage pour d'autres – c'est par exemple le cas de la haie ou du chemin de terre.

Aussi les notions-clés de l'écologie du paysage dérivent-elles directement de cette problématique centrale de la fragmentation : les concepts de base de l'écologie du paysage sont la *tache* (lieu où une espèce peut vivre et se reproduire), le *corridor* (cheminement lui permettant de circuler vers une autre tache), et le *puits*, lieu sauvage préservé, réservoir de biodiversité. Quant à ce contexte fragmenté, ce "fond" du paysage, on l'appelle la *matrice*. La matrice peut être par exemple agricole ou périurbaine, ce qui entraîne des niveaux d'intensité de fragmentation différents. Un même lieu – reprenons l'exemple de la haie – pourra être à la fois, selon l'espèce considérée, une tache d'habitat (pour une pie), un corridor (pour un écureuil) ou un mur (pour un papillon).

L'écologie du paysage, science d'un espace naturel modifié, travaille à l'amélioration globale de la santé des espaces, à l'échelle régionale. La perspective *complémentaire* de celle de la protection de la nature ou de la "préservation" mise en œuvre par les parcs et réserves, est celle d'un "bon usage" des espaces naturels[7] : l'écologie du paysage est faite pour dialoguer avec les aménageurs et élaborer avec eux du consensus, selon l'idée que l'on peut faire cohabiter développement humain et bonne santé écologique des espaces. Et le mot d'ordre de l'écologie urbaine est celui de la *connectivité* : c'est-à-dire qu'il s'agit de rétablir autant que possible des *liaisons* entre habitats, liaisons sans cesse rompues par nos installations infrastructurelles. Les questions quantitative sont ici qualitatives : l'un des problèmes typiques de l'écologie du paysage est par exemple de savoir, selon les cas, s'il est écologiquement plus efficace de préconiser la formation d'une seule grande tache ou de plusieurs petites (controverse dite SLOSS : *Single large, or several small*). Parmi les moyens qui permettent de créer de la continuité, il y a les corridors sous les routes, ou encore, entre deux champs, un chemin creux (dont les arbres finissent par se rejoindre et se toucher), moindre fragmenteur d'espace qu'un chemin ouvert.

La notion de "trame" n'est que le développement systématique de cette injonction de connectivité : la trame, c'est le réseau des circulations – c'est l'antifragmentation. Cette idée de trame, directement inspirée par les idées de l'écologie du paysage, est au fondement du programme européen "Natura 2000", lancé en 1992[8], dont l'horizon est de promouvoir une vaste trame verte continentale – ce qui revient à tenter de rapiécer et recoudre l'étoffe naturelle du monde vivant, imprudemment déchirée, pour contribuer à limiter l'ampleur de la sixième extinction[9].

L'écologie urbaine telle qu'on l'entend aujourd'hui est donc l'application en milieu urbain de l'écologie du paysage. En quête de cadres d'analyse pour étudier les dynamiques de la biodiversité en milieu urbain, le biologiste Philippe Clergeau se tourna au début des années 1990 vers l'écologie du paysage. Repérer taches et corridors au sein de la matrice du paysage urbain, voir comment tout cela est relié aux puits (à l'extérieur de la matrice urbaine) pour tenter d'en favoriser la connectivité : c'est à partir du modèle de l'écologie du paysage que l'écologie urbaine a défini son horizon et sa méthode. Appliquer les principes de l'écologie du paysage au milieu urbain, c'est donc en toute logique préconiser la création de "trames vertes urbaines".

Mais en passant de l'échelle du paysage à celle de la ville, les écologues urbains ont inventé un projet bien différent qui, situé dans un milieu différent et très singulier, correspond à d'autres besoins et entraîne d'autres effets.

Tout d'abord, la transposition du paysage à la ville ne va pas de soi. Bien que la ville ne soit certes pas un écosystème homogène, elle n'est pas non plus semblable au milieu agricole ou périurbain. Dans l'espace urbain, la situation est quasiment inverse à celle que l'on observe dans "le paysage" défini par Forman et Godron : la "matrice" urbaine est un espace si modifié, si "dénaturé" ou en tout cas à ce point dépourvu de sol, qu'il en est presque entièrement inerte ou artificiel – et les quelques îlots de verdure des parcs et jardins ne sont eux-mêmes en général aucunement laissés à la spontanéité de leur propre vie, mais en général consacrés à la culture exclusive de pâturin (Poa) sous forme de gazon en rouleaux. C'est peu de dire que la question de la connectivité s'y pose de façon plus aiguë.

Ensuite, la ville proprement dite (et même le milieu urbain en général) ne couvre pas des surfaces aussi significatives que celles de ces grands espaces modifiés, ruraux, rurbains ou périurbains, visés par l'écologie du paysage : ce qui signifie que *du strict point de vue de la santé de la biosphère*, la création de trames vertes urbaines semble moins déterminante que celle de trames vertes régionales et continentales – l'écologie urbaine n'est en quelque sorte qu'un sous-volet de l'écologie du paysage.

Si l'écologie urbaine ne semble pas être appelée à jouer un rôle majeur quant à la santé de la biosphère, il se peut qu'elle puisse en revanche revendiquer une plus forte signification *symbolique* ; pour le dire autrement, elle est peut-être plus déterminante d'un point de vue *culturel* que d'un point de vue purement écologique.

Dans l'histoire de l'urbanisme, la notion de "trame verte" est en effet un modèle absolument inédit, qui ne pouvait pas advenir avant l'écologie scientifique. Si l'idée de "recoudre la trame" du paysage en milieu rural peut être comprise comme un pan du projet global de protection de la nature, entamé tout au long du XXe siècle, en revanche la création de connectivité naturelle en milieu urbain – en faisant entrer la ville dans les objets de l'écologie et donc "dans la nature" – est une petite révolution intellectuelle ; elle met fin à plusieurs siècles d'un urbanisme qui considérait la nature comme un simple ornement, un instrument d'apaisement social, un décor – du mobilier. En tant que projet urbanistique, la trame verte urbaine heurte si frontalement la conception dominante de la ville, et invite à la considérer sous un angle tellement neuf, qu'elle ouvre à une nouvelle expérience de l'univers urbain.

Des questions inédites apparaissent déjà grâce à l'écologie urbaine, comme par exemple ce qu'on pourrait appeler "le paradoxe de la densité". Pour limiter la destruction croissante de milieux entraînée par l'étalement urbain du XXe siècle, les villes doivent absolument se redensifier pour occuper une étendue moindre ; mais par ailleurs, si la ville veut par ailleurs accueillir la biodiversité (et non plus fonctionner comme une simple zone de stérilité), elle ne doit pas être un îlot compact de béton au sol entièrement perméabilisé. Comment faire pour que la ville soit *à la fois* dense et traversée de corridors de nature ? Une des solutions possibles de ce paradoxe est le plan dit "de la marguerite", qui consiste à étirer, à partir d'un tout petit cœur urbain, une série de pétales, séparés les uns des autres de couloirs végétaux qui assurent une bonne continuité à travers l'ensemble de l'espace urbain.

En appliquant à la ville les outils de l'écologie du paysage, les écologues urbains traitent de fait l'espace urbain en *continuité* avec le reste de la biosphère. En ville, on continue d'être dans la nature : une nature recouverte, busée, surpeuplée, surfragmentée, hérissée partout de parois et d'obstacles – mais bel et bien un bout de la biosphère qui accueille, en dépit de tous nos efforts, de très nombreuses formes de vie.

On voit comment la problématique initiale de la nature en ville s'est considérablement enrichie en révélant celle, plus significative et plus cohérente, de la *ville dans la nature*. Mais où s'arrête la nature, et où commence la ville ? La ville elle-même ferait-elle partie de la nature ? Au-delà des enjeux purement urbanistiques, il semble que l'idée même que nous nous faisons de la ville – et donc du sens de notre destin collectif, de la civilisation – est profondément ébranlée par l'écologie urbaine.

notes

1. En France, 2009 fut une année charnière dans la prise en compte institutionnelle de la "nature en ville" ; elle marqua à la fois le lancement de l'ANR (projet de recherche du CNRS) "Trame verte urbaine" (2009-2012) dans six villes (Paris, Strasbourg, Angers, Rennes, Montpellier, Marseille), mais également le premier atelier du Grenelle, qui déboucha l'année suivante sur un ambitieux programme-cadre de développement urbain. Le programme se décline en 3 axes : "1. Ancrer la ville dans son milieu naturel et sa géographie ; 2. Préserver et développer les espaces de nature en quantité et en qualité ; 3. Promouvoir une culture et une gouvernance partagées de la nature en ville."

2. Fait inimaginable quelques années plus tôt, une conférence d'urbanisme a ainsi rassemblé, le 24 janvier 2011, chercheurs, politiques et décideurs de tous bords autour du thème de "La nature en ville" dans l'amphithéâtre de Marseille-Provence Métropole au palais du Pharo. En accueillant la restitution publique du programme de recherche pluridisciplinaire financé par l'Agence nationale de la recherche (CNRS) intitulé : "Evaluation des «trames vertes urbaines» et élaboration de référentiels", l'intercommunalité Marseille-Provence Métropole en a profité pour inviter les représentants de collectivités locales qui travaillent également sur la nature en ville : service de l'aménagement de l'espace communautaire de MPM (PLU en cours incluant des voies de déplacement doux et un plan climat), DREAL PACA (trames vertes et bleues régionales en cours d'études), service de l'aménagement durable de la ville de Marseille (PLU), établissement public Euroméditerranée, qui porte pour 2020 un ambitieux projet de nouvelle ville incluant la restauration du ruisseau des Aygalades sur le dernier tiers de sa longueur (actuellement busé). Bien que les approches, les projets, les niveaux de discours et de gouvernance forment une pelote assez hétéroclite, l'ensemble fait masse ; et chaque institution souhaite aujourd'hui être perçue comme mobilisée sur le thème de la nature en ville. Sur ce sujet, même à Marseille qui n'est pourtant pas une ville pionnière dans le domaine du "développement durable", tout le monde est aujourd'hui autour de la table.

3. Entretien réalisé le lendemain de la conférence de Philippe Clergeau, organisée par l'AgAM (Agence d'urbanisme de l'agglomération marseillaise) à la Maison de l'architecture à Marseille le 28 avril 2010.

4. Forman, R.T. T., and M. Godron, *Landscape Ecology*, John Wiley and Sons, New York, 1986.

5. Nous soulignons.

6. Warming, *Ecologie des plantes*, 1896 ; chapitre 23 : "L'interférence humaine".

7. Nous reprenons ici, en appliquant à un contexte plus étroit son propos généraliste, le titre du livre de Catherine et Raphaël Larrère, *Du bon usage de la nature,* Aubier, Paris, 1997, réédité en 2010.

8. Natura 2000 est un réseau européen institué par la directive 92/43/CEE sur la conservation des habitats naturels de la faune et de la flore sauvages (plus connue comme directive habitat, faune, flore), du 21 mai 1992. Encore en cours de constitution, il doit permettre de réaliser les objectifs fixés par la Convention sur la diversité biologique, adoptée lors du Sommet de la Terre de Rio de Janeiro en 1992 et ratifiée par la France en 1996 (Wikipédia).

9. Une espèce d'oiseaux sur huit, un mammifère sur quatre, un amphibien sur trois et 70 % de toutes les plantes sont en péril (Union internationale pour la conservation de la nature, 2007).

La ville est l'habitat naturel de l'homme civilisé. (...)
Toutes les grandes cultures sont nées en ville.
(...) L'histoire du monde est l'histoire des citadins.
Nations, gouvernements, politiques et religions
– tout cela repose sur le phénomène fondamental
de l'existence humaine : la ville[1].

OSWALD SPENGLER

QUELLE
ÉCOLOGIE URBAINE ?

Bien avant que l'écologie ne s'intéresse au milieu urbain, la notion d'écologie urbaine avait été forgée au début du XXe siècle : c'est ainsi que s'était désignée la première école américaine de sociologie, née à Chicago dans les années 1920.

Le point de départ de l'écologie urbaine de Chicago est de considérer que l'homme contemporain est fondamentalement un citadin, indépendamment du fait qu'il vive ou non en ville : les objets qu'il utilise, le rapport qu'il a aux autres, au pouvoir, à la religion et à la terre, sont profondément informés par cette culture urbaine. Prise globalement, la "civilisation" tout entière se fabrique en ville. Et si la ville industrielle que nous connaissons est bien l'expression de la civilisation contemporaine, alors une ethnologie de l'homme civilisé passe nécessairement par une sociologie du citadin. Qui veut connaître l'homme doit étudier la ville. Au-delà de ses limitations spatiales ou des problèmes techniques et sociaux qu'elle peut poser, la ville est, pour l'école de Chicago, une culture, un état d'esprit, un phénomène culturel total.

Comment, dès lors, étudier un système aussi vaste, riche et complexe que l'espace urbain ? La réponse de Robert Park fut une innovation méthodologique. Intéressé avant toute chose par la question des modes de *répartition spatiale des classes sociales* – Chicago connaissait de graves problèmes de ségrégation raciale et sociale –, Park proposa de se servir des outils d'analyse élaborés deux décennies plus tôt, dans un contexte tout à fait différent, et pour le moins confidentiel, par le botaniste Eugene Warming, le fondateur de l'écologie scientifique[2]. L'idée de Park consiste à considérer qu'une science de la répartition des communautés de plantes, et de leur succession écologique, pouvait être appliquée aux populations de l'espace urbain. Il s'agit là d'une hypothèse naturaliste forte, qui consiste à poser que les lois fondamentales qui régissent la répartition des individus dans l'espace urbain ne sont pas *d'une autre nature* que celles qui régissent la répartition des plantes dans la nature. Les classes sociales se répartiraient dans la ville comme les plantes se répartissent dans la colline ; pour la raison simple que les citadins comme les plantes sont des êtres vivants. Il ne s'agit pas tant de comparer la ville à la colline, ou les classes sociales à des espèces de plantes, que de faire l'hypothèse d'une *analogie* (c'est-à-dire d'une identité de rapports) entre le système plantes-colline d'un côté, et le système classes-ville de l'autre. La répartition des individus humains dans l'espace urbain en fonction de leur statut ethnique et social est supposée analogue à celle des espèces différentes de plantes dans l'espace naturel ; ce qui revient à supposer qu'au fond, l'espace urbain n'est qu'un cas particulier d'espace naturel.

Ne serait-ce que pour cette analogie, qui est au fondement de cette nouvelle science de la ville, l'écologie urbaine de Chicago est d'une modernité qui la rend incontournable ; son apport théorique est fondamental.

A partir de ce principe aussi audacieux que prometteur, Park et ses acolytes ont cependant élaboré une pensée dans laquelle les êtres vivants naturels (autres que les humains) sont *intégralement et parfaitement absents*. Pour Park, la question de la "nature en ville" est paradoxalement inexistante ; et à le lire, la ville ne semble même pas elle-même située au sein d'un monde naturel. Jamais il n'est fait allusion à des objets non urbains, fût-ce pour justifier qu'ils n'entrent pas dans le champ de leur écologie urbaine. Comme c'est classiquement le cas en sociologie[3], les sociétés humaines semblent suspendues dans un monde purement humain, sans terre ni ciel, sans plantes et sans animaux. La corporéité même des "acteurs sociaux" est très largement absente de l'analyse de leurs activités, de sorte que leur seule naturalité semble être celle de leurs structures sociales. La sociologie urbaine de Park est bien fondée sur un postulat naturaliste, mais la ville qu'il étudie n'a pas de relation avec le monde non humain[4].

Là où l'écologie urbaine dans son acception contemporaine (celle de l'Allemand Herbert Sukopp ou du Français Philippe Clergeau) conçoit la nature exclusivement comme du vivant non humain, l'écologie urbaine de Chicago, à l'inverse, se révèle en réalité être une pure sociologie urbaine, qui ne semble pas tirer les conséquences de son propre postulat théorique fondamental selon lequel "la ville est un produit de la nature, et en l'occurrence de la nature humaine". Nous voici devant ce qu'on pourrait appeler "le chiasme de l'écologie urbaine" : nous avons d'un côté une écologie urbaine sans humains, et de l'autre une écologie urbaine exclusivement humaine. Chacune des deux disciplines demeure ainsi, de chaque côté de la vitre, fidèle au dogme académique de la distinction entre sciences humaines et sciences naturelles. Et donc également fidèles au dualisme moderne préévolutionniste, encore très dominant dans les sciences humaines, selon lequel l'homme ne fait pas complètement partie de la nature.

Alors même que l'intitulé de ce champ de recherche, "l'écologie urbaine" (une alliance de mots comparable à "l'anthropologie de la nature" de Philippe Descola), semble exiger de penser en deçà de l'opposition homme-nature, elle en reste tributaire. Chacune de ses deux acceptions nous fournit certes des outils indispensables pour lire une ville comme Marseille – son tiers-paysage aussi bien que sa fragmentation sociale et ethnique. Mais aucune ne nous permet de décrire l'expérience singulière qu'on peut ici avoir de la ville *comme d'une réalité naturelle*.

Le naturel urbain marseillais pourrait-il nous aider à préciser l'objet d'une écologie urbaine plus aboutie ?

1. "The city is... the natural habitat of civilised man... all great cultures are city-born... world-history is the history of city men. Nations, governments, politics, and religions – all rest on the basic phenomenon of human existence, the city." Oswald Spengler, *Untergang des Abendlandes*, 4, p. 106 (cité par Robert Park dans *The City*, 1925).

2. Dans son ouvrage *Œcology of Plants* (publié en 1895 dans la version danoise originale), Warming pose les bases d'une nouvelle "science sociale du vivant": l'écologie.

3. C'est seulement depuis les années 1980 que la sociologie s'est intéressée de façon significative aux rapports des sujets humains avec des entités naturelles – qui sont d'ailleurs en général appelées "non humaines", laissant ainsi en suspens la question philosophique de leur statut ontologique. Un ouvrage pionnier est par exemple *L'Espace et le temps en Camargue* de Bernard Picon (coll. "Espace-Temps", Actes Sud, Arles, 1978). Plus récemment, ces questions sont au centre des travaux du sociologue des sciences, Bruno Latour.

4. Pour affiner cette opposition entre une écologie urbaine exclusivement humaine et une écologie urbaine sans hommes, ajoutons deux autres représentants importants. D'abord Berlin : le botaniste et écologue allemand Herbert Sukopp (né en 1930), qui a fait sa thèse en 1958 sur les marais de Berlin, s'inscrit dans la deuxième acception de l'écologie urbaine (l'étude des écosystèmes en milieu urbain). Ensuite Bruxelles : le Belge Paul Duvigneaud a poussé de façon assez systématique la détermination des singularités écologiques de l'écosystème "Urbs" (nom générique qu'il donne au milieu urbain), dans une approche quantitative inspirée du modèle odumien (étude des cycles biogéochimiques, quantification des flux d'eau, de matière et d'énergie, mise en évidence de l'organisation spatiale par des transects de végétation). Dans l'écosystème Urbs, la biocénose est une "anthropocénose", le soleil comme source d'énergie est remplacé par les énergies fossiles, et le cycle de l'eau dans ce monde "sans sol" est dominé par le couple apports externes/ ruissellements intenses. La singularité de l'approche de Duvigneaud n'en fait pas pour autant la "3ᵉ voie" que nous cherchons, car les dimensions anthropologique et culturelle en sont absentes. L'écologie urbaine de Duvigneau pourrait être une variante "énergétique" ou "quantitative" de l'écologie urbaine contemporaine – elle traite la réalité humaine dans sa dimension purement biochimique et matérielle. http://www.centrepaulduvigneaud.be/biographie.htm#urbs

... Alger, et avec elle certains lieux privilégiés comme les villes sur la mer, s'ouvre dans le ciel comme une bouche ou une blessure.

A. CAMUS, *NOCES*, 1938

UNE VILLE DEHORS

C'est d'abord un site, trop grand pour le regard, qui ne cesse de rappeler la ville à lui. Face à une baie comptant deux archipels (le Frioul et Riou), la vaste plaine marseillaise (plusieurs dizaines de milliers d'hectares), traversée par trois rivières principales (Aygalades, Huveaune et Jarret), hérissée de nombreuses collines (citons Notre-Dame-de-la-Garde-Roucas-Blanc, Panier-Carmes, Saint-Julien, Sainte-Marthe, Saint-Antoine-La Viste), est délimitée, à l'ouest, par un littoral de vingt kilomètres en forme de 3 et, partout ailleurs, par un amphithéâtre de six massifs distincts, à l'aspect singulier (du nord au sud) : la Nerthe lunaire, la large et puissante Etoile, les vallons secrets du Garlaban, le rempart brutal de Carpiagne, le monumental mont Puget et les calanques baroques de Marseilleveyre. De sorte qu'il est rare qu'au bout de la rue, on ne voit pas une colline, un massif, la mer, ou des îles – et parfois les quatre à la fois.

Comme on atteint fréquemment la cote 120[1], Marseille se donne sans cesse en spectacle. Depuis les innombrables points de vue que la ville a à offrir, on a souvent l'occasion d'en apercevoir l'ampleur, sans jamais parvenir à en embrasser l'étendue. De chacun des massifs alentour, comme de chacune de ses hauteurs internes, on voit la ville et son amphithéâtre ; rarement une ville se sera prêtée à être autant regardée sous toutes les coutures, sans se dévoiler jamais tout entière. Même lorsqu'on est amoureux d'elle depuis quelque temps, on parvient toujours à dénicher de nouveaux lieux pour découvrir son grand corps alangui sous un angle inattendu, dont quelque recoin encore caché laisse insatisfait.

Son immense territoire urbain est marqué par une spectaculaire déprise industrielle et démographique qui n'a pas cessé durant toute la deuxième moitié du XXᵉ siècle, ce qui fait qu'en dehors du centre-ville (qui concentre les représentations de la ville et les touristes, mais ne constitue en réalité qu'un dixième de sa surface bâtie[2]), l'essentiel de Marseille est un espace lâche et fragmenté – mixte chaotique de grands ensembles, de bâtiments industriels et de friches végétales. Les formes variées du périurbain marseillais n'excluent ainsi ni la beauté âpre des ruines industrielles, ni un certain charme bucolique (comme par exemple autour de Sainte-Marthe, dans le 14ᵉ arrondissement). Et même dans les quartiers huppés du Roucas Blanc, l'ampleur des jardins des résidences, le choc entre mer et béton, et l'affleurement incessant du calcaire au pied des maisons, rappellent à chaque pas la souveraineté de la nature. Le fort ensoleillement enfin, la puissance du vent et la prolifération des goélands font qu'ici, on a beau être en ville, on se sait pleinement exposé au monde.

Les villes littorales, situées trop près de la ligne de partage entre le territoire politique (régi par le droit humain) et le domaine maritime (où la nature reprend bientôt son empire), ont en général une autre tonalité que les villes continentales. Dans le bruit quotidien des vagues, se donne à entendre non seulement le son le plus ancien de la Terre, mais également la rengaine d'un incessant dialogue entre la terre du mammifère humain et l'océan dont il procède – entre le domestique et le sauvage. La maison se prolonge en terrasse, où l'on mange six mois de l'année ; et le cabanon de la plage (à la Verrerie ou à l'Abri côtier) devient, avec une table en plastique, une glacière et un barbecue, une maison d'été. Presque autant que chez soi, on habite aussi dans la ville ;

et la limite se brouille entre le dehors et le dedans, entre le privé et le public, entre la ville et la nature – entre le corps et le monde. Sur les rochers de Malmousque, on a versé quelques seaux de ciment dans les anfractuosités de rochers pour pouvoir installer sa serviette à demeure. La rouille ronge trop vite le fer et le béton pour qu'on puisse accorder beaucoup de crédit aux œuvres humaines ; et cela se ressent dans la conduite de son existence : l'idée semblera étrange qu'on puisse sacrifier la vie au nom d'une "carrière" ou d'une œuvre quelconque. Les vies sont ici visiblement circonscrites par des événements immémoriaux et inhumains qui, puisqu'ils nous précèdent et nous succèderont, ont tôt fait de nous entrer dans le cœur. Comment diable faire un absolu de l'histoire humaine au bord de la mer ancestrale ?

Pour Claude Lévi-Strauss, "le littoral et cette frange périodiquement cédée par le reflux qui le prolonge, disputant à l'homme son empire, m'attirent par le défi qu'ils lancent à nos entreprises, l'univers imprévu qu'ils recèlent, la promesse qu'ils font d'observations et de trouvailles flatteuses pour l'imagination[3]." Dans une ville littorale comme Marseille, on est dehors chez soi, et l'on est chaque jour ailleurs sans avoir besoin de quitter la ville.

Si le paradigme de la ville moderne est la *ville intestine* – que ce soit sous la forme de la "fantasmagorie des passages couverts" (le Paris du XIXe siècle de Walter Benjamin) ou du "délire de la congestion" (le New York du XXe siècle de Rem Koolhaas) –, alors Marseille appartient clairement à une autre famille urbaine, qu'on pourrait appeler celle des "villes dehors", où l'on ne parvient pas à fonder le projet de civilisation sur la conquête, ni la dignité humaine sur un quelconque arrachement à la nature. A Marseille, on pêche, on chasse, on se baigne, on pique-nique sur la plage, on prend le bus torse nu ; et tout cela altère forcément un peu le sens qu'on donne au mot "citadin", ainsi que l'horizon qu'on lui propose.

Dans une certaine mesure, Marseille partage ce rapport à la nature avec de nombreuses autres villes du pourtour méditerranéen qui, bien souvent, sont comme elle portuaires, industrielles et pauvres. Ce dialogue ville-nature serait-il simplement une caractéristique de l'urbanité méditerranéenne ? Dans son recueil *Noces* – ode altière à l'aristocratie naturelle des cultures populaires et à la naturalité de la vie spirituelle –, le jeune écrivain algérois revient sans cesse sur les implications culturelles, sociales, morales et métaphysiques de cette présence de la nature en ville :

> "Des cités comme Paris sont refermées sur elles-mêmes et limitent ainsi le monde qui leur est propre. Mais Alger, et avec elle certains lieux privilégiés comme les villes sur la mer, s'ouvre dans le ciel comme une bouche ou une blessure. Ce qu'on peut aimer à Alger, c'est ce dont tout le monde vit : la mer au tournant de chaque rue, un certain poids de soleil, la beauté de la race."

Si la ville méditerranéenne est une ville dehors, Camus se montre volontiers prêt, dans l'esprit du jeune André Gide (celui des *Nourritures terrestres*), à sanctifier les cultures qui y fleurissent, en osant une comparaison, à la fin de son recueil, entre la plage d'Alger et le monastère des franciscains, deux lieux de dénuement qui ont en commun de conduire à une sorte de "déshumanisation" positive :

> "Dans la vie de ces franciscains, enfermés entre des colonnes et des fleurs, et celle des jeunes gens de la plage Padovani à Alger qui passent toute l'année au soleil, je sentais une résonance commune. S'ils se dépouillent, c'est pour une plus grande vie (non pour «une autre vie»). C'est du moins le seul emploi valable du mot «dénuement». Etre nu garde toujours un sens de liberté physique et cet accord de la main et des fleurs – cette entente amoureuse de la terre et de l'homme délivré de l'humain – ah ! je m'y convertirai bien si elle n'était déjà ma religion."

Certaines cultures urbaines, loin de sécréter l'illusion d'un "monde humain", laisseraient donc éclore un sens de la terre, qui nous délivrerait d'une humanité refermée sur elle-même. La ville méditerranéenne serait-elle demeurée à l'écart des errements de la modernité et de son humanisme fanatique – que ce soit la fantasmagorie parisienne du XIXᵉ siècle, ou la congestion new-yorkaise du XXᵉ siècle ? Entre Europe et Afrique, autour de cette mer qui, bien que matrice de l'Occident, est aujourd'hui devenue comme sa marge intérieure, la ville méditerranéenne semble maintenir obstinément un rapport prémoderne au monde, pour lequel il ne saurait y avoir de liberté en dehors de l'assentiment – aussi cruel que voluptueux – aux lois de la nature. La nature, ici, ne saurait être conçue comme quelque chose d'extérieur : elle règne partout, dans les rues comme dans les âmes.

Devant l'effondrement actuel, au sein même de la culture occidentale, de la belle opposition entre nature et culture, les embruns archaïsants de Marseille prennent une saveur et une pertinence nouvelles. Redécouvrir la nature en ville, voici un programme lourd d'enjeux philosophiques ; car cela revient en effet à abolir, dans le lieu même où il a émergé, le "partage moderne" entre homme et nature.

Après le Paris du XIXᵉ et le New York du XXᵉ siècle, le moment est peut-être venu de se tourner vers la ville méditerranéenne et vers son dialogue ancestral avec la nature, comme vers la matrice même de l'urbanisation. Notre profondeur historique, loin de nous faire accéder à un autre règne, se perd dans les dédales de la profondeur naturelle.

notes

1. Merci au paysagiste Christian Tamisier pour cette remarque. Par comparaison, la butte Montmartre à Paris culmine à 130 mètres.

2. Centre-ville : on trouve au sein du polygone boulevard National - boulevard Sakakini - Petit Prado, un espace bâti assez homogène et présentant un niveau continu de densité urbaine. Cette portion de la commune de Marseille, qui correspond en gros à la ville du XIXᵉ siècle, représente environ 15 kilomètres carrés (là où le territoire total de la commune en fait 260, et le territoire bâti, environ 150).

3. Claude Levi-Strauss, *Tristes tropiques*.

Dieu dit : Que les eaux grouillent
d'un grouillement d'êtres vivants. (...)
Dieu dit : Soyez féconds, multipliez-vous,
emplissez l'eau des mers.

GENÈSE, 5e JOUR (I, 1, 20-22)

LES DAUPHINS DU PORT

Marseille, Vieux-Port. Temps clair, vent frais. C'est un mercredi matin du mois de mars, à la fin du XVIᵉ siècle. La ville est alors encore circonscrite dans ses remparts, sur une surface qui n'a pas encore beaucoup dépassé celle de la ville grecque (le Panier actuel). Devant le fort Saint-Jean, face au soleil matinal, une foule entoure l'évêque de Cavaillon venu tout exprès pour régler une situation de crise. Face à l'évêque, portant mitre, crosse et livrée violette, à contre-jour, les eaux du port partout frétillent, bouillonnent, agitées par le mouvement incessant d'une infinité de dos gris luisants qui apparaissent et disparaissent à la surface : le port est littéralement envahi de dauphins.

Dans son *Histoire du Comté venaissin et de la ville d'Avignon*, Joseph Fornery rapporte :

"Cette année 1596, une prodigieuse quantité de dauphins entra dans le port de Marseille, où ces animaux voraces firent de grands désordres. Le cardinal légat Acquaviva, qui habitait Avignon, délégua l'évêque de Cavaillon pour les exorciser. Le prélat partit sur-le-champ pour Marseille, se rendit au port et procéda à l'exorcisme en présence des magistrats et d'une foule énorme de curieux. Défense fut faite aux dauphins de rester dans le port. Les poissons ne reparurent plus[1]."

Dans son ouvrage sur *L'origine, la forme et l'esprit des jugements rendus au Moyen Age contre les animaux*, paru en 1846, l'historien et magistrat Léon Ménabréa invite d'entrée le lecteur moderne à retenir un instant ses sarcasmes, au nom de la différence ethnologique et du respect bienveillant que nous devons aux cultures éloignées de la nôtre :

"La plupart des auteurs qui ont parlé de l'usage où l'on était jadis d'intenter, en de certains cas, des procès aux animaux, et particulièrement aux insectes dévastateurs des fruits de la terre, ont taxé cet usage de superstition et de barbarie ; mais il en est peut-être de cette question comme d'une infinité d'autres où nous ignorons la véritable signification des choses passées. Quand on voit une coutume s'implanter chez le peuple et s'y maintenir pendant plusieurs siècles, il faut bien l'écouter, quelque étrange qu'elle paraisse, avant de la taxer d'absurde ou de ridicule ; car en y réfléchissant, on finit presque toujours par reconnaître qu'elle avait un sens, une utilité, et qu'elle correspondait à une exigence réelle."

On peut voir dans cette adresse aux bêtes une superstition prémoderne qui annoncerait de supposés excès d'une écologie postmoderne voulant "attribuer des droits aux animaux[2]". On peut aussi, à l'inverse, reconnaître la "pertinence écologique" de ce christianisme intégrant encore dans sa spiritualité l'ensemble du monde créé. Rétrospectivement, cette coutume des procès aux animaux – et pour peu qu'on accepte de mettre un instant en suspens notre humanisme techno-rationaliste d'Occidentaux modernes – paraît bien en effet "avoir un sens, une utilité, et correspondre à une exigence réelle".

Nous savons en effet aujourd'hui que toute monoculture est une violence faite à la terre et à la *variété naturelle du vivant* qu'on y trouve. Sur un mètre carré de végétation laissée à elle-même, il y a en général un grand nombre d'espèces de végétaux enchevêtrés (pour ne rien dire des insectes et plus généralement de la faune du sol) ; c'est ce système de variété, ou cette diversité entrelacée, que l'on appelle *communauté* ou *écosystème*. Nous savons aujourd'hui que l'invention de l'agriculture – et donc d'espaces de monoculture – favorise nécessairement les phénomènes de prolifération d'insectes. Un vaste champ d'une seule sorte de céréale, c'est un gigantesque garde-manger pour l'espèce d'insecte qui s'en nourrit, et qui va donc y croître et s'y multiplier. Depuis que l'homme fait des champs, il doit faire face à des proliférations locales d'insectes. En d'autres termes, pour que tout *puisse* croître et se multiplier, il faut que *tout* croisse et se multiplie.

De nos jours, la question est certes un peu tombée en désuétude de savoir si les insectes dévastateurs des fruits de la terre et autres mauvaises herbes méritent ou non l'excommunication. Nous abordons le problème plus virilement, en fabriquant des molécules chimiques biocides qui les détruisent très efficacement – dans un premier temps. Mais la vie est désespérément obstinée, chez les petites bêtes comme chez les grosses, qui ont toutes une faculté invraisemblable à continuer de vouloir vivre, quand bien même cette vie serait un enfer – et parfois, semble-t-il, d'autant plus que cette vie est un enfer. L'histoire du vivant, pour toutes les espèces et tous les règnes, n'est que celle d'une créativité incessante et acharnée pour se maintenir au monde en dépit des contraintes et des menaces. Les insectes et les herbes finissent donc forcément par développer une résistance à ces molécules. Il faut alors en trouver de nouvelles, en général plus puissantes. Mais comme ces molécules biocides sont faites, par définition, pour tuer le vivant, et que nous autres humains ne pouvons, malgré toute notre modernité, nous arracher à cette catégorie, les entreprises qui les fabriquent s'exposent à de graves problèmes d'empoisonnement qui les obligent, pour maintenir leur activité, à payer des scientifiques qui fournissent de faux rapports. Et elles prévoient d'avance dans le modèle économique de leurs nouveaux produits les frais entraînés par des procès de plus en plus inévitables. Sur le long terme, Monsanto est-il vraiment plus efficace que l'Eglise médiévale ? Nul doute qu'il soit plus "moderne" ; mais sa logique a-t-elle pour autant quoi que ce soit de plus "rationnel" ?

> "Comme ainsi soit, dit le Juge, que Dieu, auteur suprême de ce qui existe, a permis que la terre produisît des fruits et des végétaux, *animas vegetativas*, non seulement afin de nourrir les hommes, créatures raisonnables, mais pour la conservation même des insectes qui volent à la surface du sol, il ne serait nullement convenable d'agir avec trop de précipitation contre les animaux qui se trouvent actuellement en cause : mieux vaut en l'état que nous recourrions à la miséricorde céleste, et implorions le pardon de nos péchés[3]."

Même lorsque l'on pouvait envisager d'excommunier les insectes, on ne les prenait donc pas pour autant pour de bons chrétiens. L'Occidental médiéval n'est pas un illuminé ; il évolue dans d'autres systèmes de croyance, où la vision matérialiste, technicienne, rationaliste du monde jouit de peu de crédit. La distinction aristotélicienne entre "âme végétative" et "âme raisonnable" est ici soigneusement rappelée ; une plante (âme possédant les seules facultés nutritives, génératives et végétatives) n'est pas un animal (âme possédant les facultés nutritives, génératives, végétatives, locomotrices et sensitives), et tout animal n'est pas un homme (âme possédant les facultés nutritives, génératives, végétatives, sensitives, locomotrices, ainsi que la raison). Pour autant, et c'est là l'essentiel, leur unité au sein du monde vivant est malgré tout garantie par leur commune origine divine. Leur vie, leur état d'être vivant, ne se réduit pas à une réalité matérielle ; ou plutôt, leur réalité matérielle est l'expression de leur réalité ultimement spirituelle. Au Moyen Age, on peut parfaitement distinguer l'être végétal et l'être raisonnable sans pour autant imaginer de remettre en question l'unité fondamentale du monde des créatures ; distinguer n'est pas opposer, aussi les hommes ne sont-ils pas les seuls à avoir des droits et à être soumis à la Loi de Dieu. Au final, la conviction qu'il faut respecter les droits divins et naturels de tous les membres de la création est-elle, par ses effets autant que par son contenu doctrinal, moins juste, moins barbare, d'un point de vue écologique, que l'approche contemporaine de l'agriculture industrielle ?

notes

1. Joseph Fornery, *Histoire du Comté venaissin et de la ville d'Avignon*, 1909.

2. Luc Ferry, *L'Arbre, l'Animal et l'Homme : le nouvel ordre écologique*, Grasset, Paris, 2012.

3. Ordonnance de l'Official du 8 mai 1546 prescrivant des prières publiques à Saint-Julien – près de Saint-Jean-de-Maurienne. Les habitants requéraient que les charançons soient excommuniés. "Une première comparution eut lieu, à fins conciliatoires, devant spectable François Bonnivard, docteur en droit : le procureur Pierre Falcon représentait les insectes, et l'avocat Claude Morel leur prêtait son ministère."

A la fois sauvage et d'accès facile, la
nature, autour de Marseille, offre au plus
modeste marcheur des secrets étincelants.
L'excursion était le sport favori des
Marseillais ; ses adeptes formaient des
clubs, ils éditaient un bulletin qui écrivait
en détail d'ingénieux itinéraires, ils
entretenaient avec soin les flèches aux
couleurs vives qui jalonnaient les
promenades.

SIMONE DE BEAUVOIR, *LA FORCE DE L'ÂGE*[1]

EXTRA-MUROS

Depuis un siècle, notre rapport à la nature a beaucoup changé.

Marseille est la première ville millionnaire d'Europe à compter un parc national en son sein. Le classement du massif des Calanques en parc national se justifie autant par la rareté des diverses formes de vie (adaptées à des conditions extrêmes), que par la dimension culturelle et patrimoniale du site – plébiscité par un million de visiteurs annuels. En se vouant à attirer un nombre encore croissant de touristes, tout en restreignant les usages, le parc des Calanques sera cependant pris dans la contradiction qui fonde tous les parcs : celle d'une nature touristique, d'une sauvagerie domestiquée. Mais quoi que l'on pense de la forme du "parc national" en général, peu nombreux sont aujourd'hui ceux qui contestent la valeur du site des Calanques et la nécessité de sa protection.

Ce n'était pas là une opinion majoritaire il y a encore un demi-siècle. En 1933, lorsque l'urbaniste Jacques Greber réalise le plan directeur du développement de la ville, il prévoit la création d'une *route touristique* dans les Calanques, qui permette aux automobilistes d'apprécier le paysage entre Marseille et Cassis. De retour de Minneapolis où il a dessiné les *parkways* (autoroutes intra-urbaines), Greber est un avant-gardiste et, à ce titre, l'un des hérauts de l'"automoville" naissante. Mais aussi choquant qu'un tel projet puisse aujourd'hui sembler, la route panoramique des Calanques de Greber marque cependant, par rapport au siècle précédent, davantage d'attention à la nature, puisqu'elle valide au moins la valeur esthétique du paysage qu'on propose aux automobilistes d'admirer[2]. Au XIXe siècle, les Calanques étaient en effet surtout vouées à l'activité industrielle – usines chimiques et métallurgiques (comme les soudières de Samena, des Goudes ou des Baumettes, la raffinerie de pétrole du vallon de Lun, ou encore l'usine de plomb de l'Escalette, les deux dernières ayant laissé dans le paysage cette trace singulière que sont les "cheminées rampantes" repoussant les rejets toxiques en haut des collines), mais aussi exploitation de la pierre de Cassis (comme la carrière de calcaire de Port-Miou), charbonnières, développement industriel des fours à chaux traditionnels ; ou encore à l'activité militaire, comme en témoignent les nombreuses batteries. Quelques décennies avant Jacques Greber, ces lieux, trop abrupts pour être construits, trop dénués de sol pour être cultivés, étaient considérés purement et simplement comme des espaces vacants et inutiles. A l'ère de l'automobile, ils ont entre-temps acquis une autre fonction, et une autre valeur économique : le tourisme.

On peut retracer le développement d'un intérêt esthétique de la société pour la nature à travers l'émergence de la pratique de la randonnée pédestre, contemporaine de la peinture de paysage – et de l'invention de la photographie. Au tout début du XXe siècle, l'éditeur Paul Ruat, fondateur en 1897 de la Société des excursionnistes marseillais, l'une des plus anciennes sociétés françaises de randonneurs, peut prétendre en 1913, avec ses six mille cinq cents adhérents et ses quinze mille pratiquants réguliers, que "Marseille est avec Berlin la capitale mondiale de l'excursionnisme[3]". Dans une sensibilité protoécologiste qui exalte la nature vierge, dévalorise le milieu urbain, se passionne pour les cartes, les sciences et les techniques, ces premiers randonneurs (proches des félibres, ces écrivains occitannistes[4]) entrent en conflit avec l'usage alors dominant des Calanques et organisent le 13 mars 1910, dans la calanque de Port-Miou, ce qui semble être retenu par les historiens comme la première manifestation en France pour la préservation d'un site naturel contre l'industrialisation[5] – en l'occurrence, contre la carrière ouverte en 1907 par le groupe Solvay, pour fournir le calcaire nécessaire à la fabrication de la soude à Salin-de-Giraud. Plus encore que l'Etoile, le Garlaban, la Sainte-Baume ou la Sainte-Victoire, les Calanques sont la perle des excursionnistes marseillais. Depuis la fin du XIXe siècle, avec leurs pots de peinture et leurs souliers ferrés, leurs conférences scientifiques et leurs bulletins trimestriels, leurs cartes topographiques et leurs plaques photographiques, ils auront été à l'avant-poste de la découverte, de la valorisation et de la défense des Calanques. Le Parc national, qui marque l'avènement institutionnel de cette "monumentalisation" du site, peut être vu comme l'épilogue d'un effort séculaire qu'ils avaient initié.

En 1910, lors de la manifestation de Port-Miou, on est à la croisée entre deux mondes : l'industrialisme encore triomphant (en l'occurrence à travers la figure du grand entrepreneur et utopiste Ernest Solvay, 1838-1922), et l'aube d'une sensibilité nouvelle à la nature, qui va s'imposer et s'affiner tout au long du XXe siècle dans le champ scientifique, social, politique, administratif, juridique et philosophique.

Pour ces protoécologistes, majoritairement citadins, la nature sauvage est clairement (et naïvement) définie par opposition à l'univers urbain ; elle constituerait même, selon eux, un antidote à son influence néfaste, comme l'affirme Paul Ruat en 1898 dans le *Bulletin des Excursionnistes*, cherchant à augmenter le nombre de ses adhérents.

"Les charmes de la grande ville s'accroissent : rues barrées, embarras de voitures, musiques et fanfares à tous les débouchés de rue, automobiles puant le pétrole et d'une esthétique peu idéale, bicyclettes qui s'ingénient à vous frôler, terrasses encombrées, trottoirs envahis par une foule de promeneurs indolents : voilà les

Manifestation du 13 mars 1910 contre l'exploitation de la carrière Solvay à Port-Miou. © Extrait de la revue Massilia du 1ᵉʳ avril 1910, p. 5.

Page de droite : Manifestation du 13 mars 1910 contre l'exploitation de la carrière Solvay à Port-Miou. © D.R. La Revue Marseille.

joies réservées aux citadins le dimanche. Les personnes auxquelles ces joies suffisent ont toute liberté pour se les offrir. Mais les amateurs de la belle nature provençale, les buveurs d'air, n'oublient pas que cette nature est invariablement belle sous ses aspects multiples[6]."

Le XIXᵉ siècle est le siècle durant lequel, en Occident (en Europe aussi bien qu'aux Etats-Unis), la "nature sauvage" (ou la *wilderness*) perd les connotations fortement péjoratives propres aux cultures citadines et bourgeoises (de lieu non habité, non civilisé) pour gagner une aura positive. Ce que l'on admire dans la nature sauvage, c'est une forme

de pureté – loin de l'"impureté" des espaces occupés par l'homme. On retrouve ici un thème structurant du calvinisme, qui considère explicitement la nature intacte comme lieu de salut possible pour le pécheur. Mais on ne peut non plus ignorer que ce renversement est contemporain de la révolution industrielle. C'est précisément au moment où la nature, plus maîtrisée que jamais par la technique, est réduite au statut de matière première, qu'elle fait l'objet d'un nouveau culte romantique. D'un bout à l'autre de l'Occident, le XIXᵉ siècle marque l'étrange coexistence de l'industrialisation et d'un naturalisme à tendance spiritualiste – Hugo, Goethe, Schelling, Humboldt (Alexandre), Emerson, Thoreau, Whitman… pour ne citer que les plus célèbres d'entre eux.

La sacralisation de la nature semble proportionnelle à sa domestication ; plus on la domine, plus on recherche sa sauvagerie, et mieux on en apprécie la beauté. Plus la civilisation se fait violente, plus la nature semble douce et harmonieuse. Plus la technosphère se développe, plus l'écologie fait d'émules. Dès lors que la nature n'est plus un lieu de vie réel que l'on habite en permanence, elle peut devenir ce grand tableau que l'on vient de temps en temps admirer. Enserrée par les œuvres humaines, déformée par le prisme de la vie urbaine, elle devient un objet culturel.

Ancrée dans un art du panorama fortement inspiré par la peinture de paysage, la randonnée pédestre est dès l'origine une activité très informée culturellement, et peut-être même d'une certaine façon une forme d'activité artistique ; on apprend à aller en forêt comme on va au spectacle. Les marcheurs sont souvent aussi des photographes amateurs ; et les photographes de paysage sont d'une certaine façon – bien avant les artistes américains du *land art* Richard Long ou Hamish Fulton – les premiers "artistes marcheurs" ; tout comme eux en tout cas, ils considèrent que l'art doit avoir lieu dehors. Appareil photo en main, on cherche les "points de vue". François Denecourt, qui trace son premier sentier en 1842 dans la forêt de Fontainebleau, rappelle le rôle crucial joué par la peinture dans cette pratique émergente de la marche :

> "Le tableau d'une nature aussi grandiose doit être l'œuvre du peintre ou du poète, dont elle enflamme le génie, et ma mission doit se borner à diriger le voyageur qui vient en admirer les beautés. Attiré moi-même par la douce paix et le bonheur qui résident au fond de ces bois et de ces déserts, je les ai longtemps parcourus et, aidé par les observations des artistes qui les fréquentent journellement, j'ai acquis une connaissance de la localité qui m'a mis à même d'en signaler toutes les parties les plus pittoresques, et d'offrir au voyageur les moyens de les visiter avec autant de facilité que d'agrément[7]."

Entre 1825 et 1875, les peintres paysagistes de l'école de Barbizon[8] affluent dans la forêt de Fontainebleau pour peindre "d'après nature". La loi de 1930, qui étendra la loi sur les monuments historiques aux "monuments naturels et sites de caractère artistique, historique, scientifique, légendaire ou pittoresque", entend bien la nature ainsi : comme une annexe du monde de la culture. Le critère de protection de ces monuments naturels, c'est d'être pittoresques, au sens littéral du mot, c'est-à-dire "peignables". Bien qu'enfermé dans les bornes d'un certain goût pictural, cet intérêt pour la nature est authentiquement désintéressé. Avec l'impressionnisme, la culture s'incline devant la nature comme un élève devant son maître.

Si la "réaction romantique" constitue certes une opposition radicale à l'idéologie techniciste et rationaliste de l'ère industrielle, romantisme et industrialisme sont cependant d'accord sur un point : l'homme et la nature se définissent par opposition l'un à l'autre. La nature, c'est là où l'homme n'est pas ; et l'homme, c'est cet être qui, seul parmi les vivants, fait face à la nature. "Bonne" et digne d'intérêt pour les uns, "mauvaise" et sans valeur pour les autres, la nature n'en reste pas moins conçue comme opposée à l'humain. Dans un cas, comme une contrainte à laquelle il faut s'arracher ; et dans l'autre, comme un lieu de salut où restaurer ponctuellement une pureté individuelle perdue dans la société des hommes. Dans les deux cas, l'homme est d'une nature distincte de la nature ; il n'appartient pas au même règne – même s'il peut venir y réactiver ponctuellement une fusion mystique. Meilleurs ennemis, le romantique et l'industriel croient que tout les oppose, là où ils partagent pourtant un dualisme fondamental ; ce dualisme moderne sur lequel on fonde la dignité humaine – le destin d'êtres libres s'arrachant (par l'effort moral comme par l'effort industriel) à la tyrannie d'une nature régie par les lois implacables d'une nécessité mécanique.

C'est aussi que l'industriel comme le randonneur sont en général des citadins ; or c'est depuis la ville industrielle, depuis ce "monde humain" de plus en plus large et exclusif, que s'élabore progressivement une nouvelle notion de la nature comme "monde *extra-muros*". La ville marque le fait que l'humanité a fait monde, et c'est depuis cette base qu'elle regarde au dehors le monde non humain, le monde d'avant l'homme. Cette admiration exaltée pour la nature est indissociable de ce sentiment d'altérité, propre aux urbains modernes – la nature est perçue comme un monde dans lequel nous ne nous sentons pas *chez nous*.

Si la nature des industriels est brutalement réduite à la matière première de l'entreprise technique, le moins qu'on puisse dire de cette nature des romantiques et des randonneurs du dimanche, c'est qu'elle est suspecte. Dans les deux cas, c'est en tout cas une nature d'urbains – "une nature sans campagne – sans paysans, sans chasseurs et sans braconniers, sans habitants, soumise «naturellement» au désir (de désert) urbain[9]."

L'émergence de la notion moderne de la nature comme "espace non humain" est indissociable de la domination culturelle croissante du monde urbain sur le monde rural – de l'urbanisation de la culture ; ou plus précisément de la rupture progressive des liens entre ville et campagne.

notes

1. Cité par Michel Péraldi in *Marseille. Paysage, ville, mémoire*, Cerfise, 1981.

2. Greber propose également dans son plan la création d'une "zone touristique" naturelle (1 000 hectares proposés au classement). (Michel Péraldi, *La Mise au vert*, Cerfise, 1981.)

3. Paul Ruat in *Bulletin des Excursionnistes marseillais*, 1898 (cité par M. Péraldi et Parisis, *La Mise au vert*, *op. cit.*).

4. Le Félibrige est une association littéraire fondée en 1854 par Frédéric Mistral et six autres poètes provençaux pour assurer la défense des cultures régionales traditionnelles et la sauvegarde de la langue d'oc.

5. D'après Roger Cans, *Petite histoire du mouvement écolo français*.

6. Paul Ruat, *Bulletin des Excursionnistes marseillais*, 1898, cité par Péraldi et Parisis, *La Mise au vert*, *op. cit.*

7. Claude-François Denecourt, *Indicateur historique et descriptif de Fontainebleau. Itinéraire du palais, de la forêt et des environs*, première édition : 1839 ; dernière édition : 1931.

8. Fondée par Corot, Rousseau, Millet et Daubigny.

9. Michel Péraldi, *ibid.*

Parc, n. m. | *Espace considérable,*
environné de murs ou de palissades, pour
y conserver des bêtes fauves, ou pour le
seul agrément d'une maison de
campagne.
Un parc anglais. Un parc français.

LITTRÉ

LE GRAND PARC

Cette nature sauvage dont se délecte Simone de Beauvoir, le sociologue Michel Péraldi la dénonce comme un territoire abstrait, absolu, que l'étranger peut découvrir par les cartes :

> "Simone de Beauvoir se précipite dans la nature parce que nulle part ailleurs elle n'aurait pu ainsi fonder son étrangéité en espace. Qu'est-ce donc qui en ces lieux autorise la territorialisation de l'étrangère ? La Nature à l'état pur, soit une abstraction ; non pas une terre, un lieu obscurci de son histoire et de traces incompréhensibles, mais du mythe à l'état pur, c'est-à-dire nulle part. Nous ne sommes pas ici à Marseille, mais dans un espace consacré à la quête possible d'un absolu[1]."

Péraldi oppose la *terre* – lieu de vie, travaillé par l'usage des hommes qui y inscrivent leur existence – à cet espace à la fois sacralisé et rationalisé, maîtrisé d'en haut, orthonormé dans les cartes, et finalement irréel, que l'on découvre en randonnant : cette "Nature" pure, présumée vierge de toute présence humaine, de toute pratique sociale. L'invention de la randonnée est selon lui l'une des activités emblématiques de la recomposition de l'ancestrale relation ville/campagne, vers une opposition, nouvelle, entre ville et nature.

Lorsque, au tournant du XIXe et du XXe siècle, la société découvre la nature comme lieu de loisir, de sport et de contemplation esthétique, on a déjà commencé à établir sur le monde une grande partie de la conquête industrielle. Avec l'invention de l'adduction d'eau, des antibiotiques, de la machine à vapeur, des colonies et des indigènes, la nature n'est plus cet univers menaçant, imprévisible, capricieux, terrible, devant lequel il ne reste qu'à prier ; elle est devenue un objet de connaissances et de modifications techniques qui commencent à être spectaculairement efficaces. Le paysage urbain, de plus en plus maîtrisé, porte partout l'empreinte de la main humaine et du génie humain. Le spectacle de la ville moderne marque, comme jamais auparavant, l'avènement physique du monde humain. Irrésistiblement, on se met à identifier la civilisation tout entière à cette maîtrise technique des éléments – et à se poser en "civilisateurs" du reste de l'humanité préindustrielle : les "indigènes".

Depuis la ville, on a défini la nature comme le contraire de la ville. La nature n'est plus la Loi universelle qui enveloppe notre être, mais devient une réalité abordée de façon *topographique* : la nature, ce sont *ces lieux où l'humain n'a pas établi son règne*. Et comme les espaces non urbains (ou non dominés par des constructions humaines), se caractérisent souvent, sous nos régions tempérées, par un manteau végétal de couleur verte ; comme ces espaces présentent un air plus agréable à respirer et un aspect plus propre que les espaces urbains, on s'est forgé une image collective de la nature comme des "espaces verts et propres" ; une conception assez limitée, pour ne pas dire saugrenue, qui est pourtant encore largement dominante dans nos représentations contemporaines. C'est seulement depuis la ville industrielle (celle de l'hygiène, des trains, des voitures, des cartes d'état-major) qu'on peut comprendre comment on en est venu à se faire une idée aussi étrange, aussi typiquement occidentale, aussi étriquée de la nature. La critique de l'idée moderne de la nature passe par un examen de sa matrice urbaine.

L'incroyable développement, tout au long du XXe siècle, des loisirs de plein air (parfois une véritable industrie, comme dans le cas du ski) ainsi que des parcs naturels – deux phénomènes inextricables –, est directement lié à l'idée d'offrir aux citadins des espaces de récréation et de compensation, dans un monde où la déchristianisation et l'extension des loisirs ouvrent de nouveaux temps et de nouveaux espaces[2].

Ce phénomène des parcs naturels touristiques du XXe siècle peut rétrospectivement apparaître comme la généralisation de l'invention des parcs intra-urbains au XIXe siècle. Au moment où la ville industrielle, attirant à elle des masses d'ouvriers venus de la campagne, est confrontée aux besoins de l'hygiène et de la paix sociale, elle cherche à intégrer des espaces de nature en son sein, en créant des bouts d'espaces non bâtis, destinés au repos et au loisir : les jardins, publics et privés. Ces espaces, qui doivent nous évoquer notre idée urbaine de la nature, sont par conséquent appelés "verts", et consistent en des parterres de végétaux, sur fond de pelouse, agrémentés de mobilier, et dans lesquels la propreté est de rigueur. Construits de toutes pièces, ils manifestent parfois, comme c'est le cas à Central Park, une recherche sophistiquée du naturel par la création de savantes irrégularités ; parfois, de façon plus grossière, ils consistent en un gazon et des plantes génériques, végétaux si peu liés aux sites d'implantation des villes qu'ils relèvent plutôt d'un pur mobilier urbain.

Les parcs et jardins, ces morceaux de non-ville que la ville s'aménage, sont une nature entièrement reconstruite et peuvent parfois jouxter un cours d'eau préalablement busé et oublié – la seule nature que tolère les villes semblant être celle qu'elle a elle-même édifiée. Ainsi à Marseille, le parc Billoux borde par exemple le ruisseau des Aygalades qui, lui, n'est pas ouvert au public ; et ce n'est que depuis peu que l'on peut cheminer quelques centaines de mètres, à côté du parc Borély, le long de l'Huveaune. Quant au parc du 26e Centenaire, sorte de mini Central Park d'une dizaine d'hectares riche d'intentions naturalistes (300 espèces végétales revendiquées) et de bonheurs visuels (variété du relief avec son lac et ses nombreuses collines), il a été créé de toutes pièces sur l'ancien emplacement de la gare du Prado, au bord du boulevard

Rabatau qui recouvre le ruisseau du Jarret, busé par Defferre en 1954 car il était devenu un égout à ciel ouvert.

L'un des grands soucis de l'urbanisme au XIX⁰ siècle (matrice de l'urbanisme contemporain) aura été de trouver le moyen d'éviter l'engorgement insalubre des villes sous l'afflux de la main-d'œuvre ouvrière[3] – une préoccupation, comme on sait, à la fois sociale, hygiénique, politique, mêlant souvent dans la plus grande ambiguïté les intentions philanthropiques et une forme de répression sociale. Le fait de favoriser un habitat : 1) de relative qualité ; 2) pas trop étroit ; 3) ayant une forme de pavillon familial refermé sur lui-même ; et 4) pourvu d'un jardin ou pas trop loin d'un parc public, a été la tendance de fond pour répondre à ce problème. Le jardin, avec son petit espace de loisir, ses "occupations saines", a été l'un des symboles de cette volonté d'améliorer le sort de la classe ouvrière, tout en lui proposant des passions douces et familiales propres à l'assagir et à l'assainir. Le théoricien de la ville Paul Blanquart insiste sur le fait qu'un élément-clé de ce dispositif de "domestication sociale" était de tout mettre en œuvre pour permettre à la classe ouvrière d'accéder à la propriété immobilière :

> "(…) on peut pousser l'ouvrier à devenir propriétaire : surgissent les petits pavillons. (…) Accéder à la propriété rend l'ouvrier solidaire d'un système en le prenant au piège de la «participation». Il participe bien, en effet, de la propriété, mais pas de celle, déterminante, des moyens de production[4]."

D'un point de vue fonctionnel, ces jardins urbains sont de simples annexes et auxiliaires de l'effort industriel qui, au centre du projet de civilisation, structure l'activité humaine. "Pour les marxistes comme pour les libéraux, la production, donc l'économie, détermine la vie sociale[5]."

La cité-jardin, conçue par l'architecte-paysagiste Frederick Law Olmsted (1922-1903) et définie par l'urbaniste Ebenezer Howard (1850-1928), entend elle aussi répondre au problème de la ville industrielle proliférante, dont l'explosion vide les campagnes. L'idée était de mettre un terme définitif à la grande ville moderne émergente, en lui substituant une nouvelle forme de ville, parfaitement révolutionnaire : de petites unités urbaines peu denses (environ trente mille personnes sur deux mille quatre cents hectares, soit mille deux cent cinquante habitants au kilomètre carré) de forme circulaire, dont le foncier soit entièrement maîtrisé par les pouvoirs publics, entourées d'une couronne rurale, et s'inscrivant dans un réseau d'autres cités identiques formant un ensemble urbain assez lâche. Sans avoir été beaucoup réalisé selon le modèle exact de son concepteur[6], le concept de cité-jardin a été détourné au début du XXe siècle pour désigner une forme d'habitat ouvrier familial et pavillonnaire, première phase d'habitat social d'avant les grands ensembles, durant toute la première moitié du XXe siècle. A Marseille, la cité Saint-Louis (16e arrondissement), récemment classée au patrimoine du XXe siècle, offre un exemple de ce pavillonnaire resserré qui préfigure le "lotissement", forme urbaine plébiscitée par notre époque[7]. La banlieue pavillonnaire, forme urbaine caractéristique du XXe siècle, semble donc l'héritage abâtardi de ce projet de concilier ville et campagne en une seule réalité hybride ; une sorte de cité-jardin de carton pâte, vidée de sa substance, privée de son organisation communautaire organique, de sa couronne agraire, de sa proximité immédiate à un centre-ville public et de ses dimensions limitées.

Jardin privé de la maison familiale ; square public du quartier ; parc urbain à l'échelle de la ville ; parc métropolitain (comme Fontainebleau ou les Calanques) ; parc naturel régional et national pour les vacances : une sorte de consensus se dessine, pour constituer, à chaque échelle territoriale[8], une même figure de la nature comme *zone d'extériorité* dédiée au plaisir, au repos, à la contemplation et au loisir – la nature comme parc. Protégée, équipée, filmée et diffusée à la télévision, photographiée dans des mensuels à gros tirage, elle est devenue cette chose sauvagement domestiquée, pittoresque et fragile, ce paradis perdu reconstruit ou "protégé" dont nous apprécions en masse la

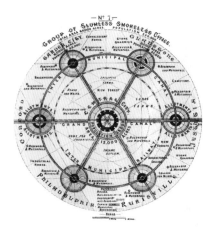

Ensemble de cités-jardins : "Groupe
de villes sans taudis et sans fumée ;
250 000 habitants sur 260 kilomètres carrés".
© Ebenezer Howard 1898.

beauté, comme *arrière-plan* – fantasmé dans la distance – de nos vies toujours plus massivement urbaines. Nous ne percevons plus notre existence comme une clairière précaire dans un univers naturel aussi souverain, généreux et cruel que le Dieu de Job ou d'Abraham (bien qu'elle le demeure) ; mais comme le règne dominant, dont la nature ne serait plus que le socle et l'annexe – et qu'une certaine conception du "développement durable" réduit à un objet technique. Cette annexe naturelle que nous disons fragile, nous devrions la protéger – de quoi ? De *nous-mêmes* : des effets de notre propre existence collective marquée au sceau de la production. Le "parc naturel" mondial est conçu et traité comme une arrière-cour de nos sociétés industrielles et urbaines.

Cette conception de la nature comme espace pur et sauvage est la conception du citadin postindustriel, qui a perdu l'usage des moulins, des ânes, de l'argile, des champs voisins, qui faisaient partie du paysage urbain jusqu'au XVIIIe siècle, et qui faisaient que même en ville, on ne pouvait jamais imaginer s'être "arrachés à la nature". La précarité de l'existence, la sobriété technique de la vie matérielle aussi bien que les échanges quotidiens avec la ceinture rurale, tout cela empêchait la ville (et l'humanité) de prétendre "faire monde". A l'inverse, la ville est aujourd'hui sortie d'elle-même, au point qu'on peut parcourir la planète sans quitter le monde urbain. Etre urbain aujourd'hui, c'est être l'habitant d'une sorte de technosphère – un monde de supermarchés, d'aéroports, d'hôpitaux, de stations de ski, et relié par des routes, des rails, des couloirs aériens et des télésièges. Mais tsunamis et tremblements de terre rappellent que cette technosphère n'est après tout qu'une fine couche très ajourée entre l'atmosphère et la lithosphère – une couche incomparablement moins établie que cette autre fine couche, dont elle n'est finalement qu'une modeste prothèse : la biosphère.

S'il est vrai que ce mythe fondateur de la modernité occidentale – la conception topographique de la nature comme réalité extérieure, inerte, dénuée de signification, de valeur et de beauté, construite par des sujets humains qui lui donnent un sens – est indissociable du monde urbain, alors retrouver la nature en ville, *redécouvrir la naturalité de la ville*, ce serait abolir dans le laboratoire même de la modernité l'une des idées les plus délirantes qui en soient jamais sorties. Ce serait voir la ville d'un œil si nouveau, la parcourir d'un pied si différent, que cela reviendrait presque déjà à la réinventer.

notes

1. Michel Péraldi, *Marseille. Paysage, ville, mémoire*, Cerfise, 1981.

2. La thèse de Michel Péraldi et Jean-Louis Parisis est consacrée à la transition progressive entre les mouvements sociaux spontanés et la mise en œuvre institutionnelle de ces nouveaux usages de la nature : *La Mise au vert : les rapports de l'Etat et du mouvement associatif dans l'institutionnalisation des loisirs de nature*, 1981, université de Provence-Aix-Marseille-I.

3. Une étude de 1899 donne 9,40 mètres carrés d'air par ouvrier à Wazemmes (Lille) : cité par Paul Blanquart (*Une histoire de la ville*, La Découverte, Paris, 1997) qui précise que Lille n'était en rien une exception.

4. *Ibid.*

5. *Ibid.*

6. Ebenezer Howard, *Tomorrow, A peaceful path to real reform, 1898*. Soucieux de mettre ses idées en pratique, Howard réalise tout de même en 1903 la ville de Letchworth (à 60 kilomètres de Londres) et Welwyn en 1920.

7. Le service de l'Inventaire du patrimoine français définit la cité-jardin comme un «lotissement concerté, où les habitations et la voirie s'intègrent aux espaces verts publics ou privés, et destiné généralement en France à un usage social".

8. Nicolas Mémain, communication personnelle.

*Les mauvaises herbes d'un lotissement
sont porteuses du même enseignement
écologique qu'un séquoia.*

ALDO LEOPOLD,
ALMANACH D'UN COMTÉ DES SABLES

UNE CAPITALE
DU TIERS-PAYSAGE

Dès qu'on arrive aux limites du petit centre-ville, Marseille est partout hérissée d'interzones végétalisées, d'espaces vacants en friche, d'interstices colonisés par les plantes, dont on ne sait trop que penser.

Ce ne sont pas des jardins : aucune barrière n'y réglemente l'accès, et personne ne s'y promène. Ce ne sont pas non plus des espaces naturels "nobles", car ils sont le résultat d'une colonisation en général récente, et souvent par des plantes rudérales communes. Ces bouts de nature spontanée sont l'un des éléments marquants du "vocabulaire urbain" marseillais. Quand on commence à les remarquer, on commence à en voir partout – sur un miniterrain vague entre deux immeubles, sur le talus d'une voie de chemin de fer ou d'une autoroute, dans les murs, entre les pavés, au bord des trottoirs, le long des gouttières, dans les pieds d'arbres, sur les parois instables cimentées au *cement-gun*, dans les tuyaux d'évacuation d'eaux, sur les barrières qui séparent au milieu les deux sens des voies rapides. Marseille est pleine de vides, et ces vides sont pleins de nature.

A force d'insister, ces friches nous obligent à prendre une décision : faut-il les considérer comme "de la nature" ? Ce type d'espaces correspond bien à ce que le jardinier Gilles Clément a appelé "le tiers-paysage", en articulant dans un seul terme les espaces délaissés et les réserves naturelles :

> "Le tiers-paysage concerne les délaissés urbains ou ruraux, les espaces de transition, les friches, marais, landes, tourbières, mais aussi les bords de route, rives, talus de voies ferrées, etc. A l'ensemble des délaissés viennent s'ajouter les territoires en réserve. Réserves de fait : lieux inaccessibles, sommets de montagne, lieux incultes, déserts ; réserves institutionnelles : parcs nationaux, parcs régionaux, «réserves naturelles»[1]."

On pourrait considérer qu'il s'agit là d'un mot nouveau pour désigner une chose ancienne – en l'occurrence la nature sauvage. Clément ne définit-il pas le tiers-paysage comme "la somme des espaces où l'homme abandonne l'évolution du paysage à la seule nature" ? Cela ressemble assez, en effet, à la définition classique de la nature sauvage, de la *wilderness* américaine – celle, précisément, qui a accompagné le mouvement des parcs nationaux, comme en témoigne cette célèbre définition du *Wilderness Act* de 1964 :

> "La nature sauvage, par contraste avec ces régions où l'homme et ses œuvres dominent le paysage, est ici reconnue comme une région où la terre et la communauté de la vie sont *illimitées par l'homme*, où l'homme lui-même *n'est qu'un visiteur qui ne reste pas*[2]."

Le tiers-paysage est bien "sauvage" au sens où il n'est pas le résultat d'une action humaine (il n'est ni cultivé, ni entretenu, ni désiré) ; mais en changeant d'échelle, en le traquant *à l'intérieur même* de "ces régions où l'homme et ses œuvres dominent le paysage", Clément renouvelle en profondeur l'idée même du sauvage.

Le tiers-paysage, c'est avant tout ces "blancs de la carte" : ces espaces qui, sur une carte IGN au 1/25000ᵉ, ne sont ni du bâti, ni des champs, ni des voies de communication, ni des zones d'activité. C'est pourquoi ces espaces ne peuvent pas vraiment être pensés comme des "miniréserves" naturelles : non seulement ils résultent d'une négligence, d'un oubli, et non d'une intention ; mais surtout, leur taille et leur aspect sont si peu "pittoresques" (au sens paysager du terme) que, bien souvent, on n'y prête même pas garde. Ces blancs, qui étaient jusque-là considérés purement et simplement comme du vide, Clément en fait le paradigme de la nature, entendue comme une dynamique librement exprimée, un mouvement de vie non entravé, laissé à lui-même. A ce titre, au-delà des blancs de la carte, le tiers-paysage, c'est finalement en réalité l'essentiel de la biosphère :

"Le terme de tiers-paysage ne se réfère pas au tiers-monde mais au tiers-état. Il renvoie au mot de l'abbé Sieyès : "Qu'est-ce que le tiers-état ? – Tout – Quel rôle a-t-il joué jusqu'à présent ? – Aucun – Qu'aspire-t-il à devenir ? – Quelque chose.""

Ce que nous enseigne le tiers-paysage, c'est que la nature n'a pas besoin d'être pure, ancienne, éloignée, pour être naturelle. Clément propose en quelque sorte de substituer au critère "pureté" le critère "spontanéité". Ce qui pousse ici et là, de façon parfois spectaculaire, sous les ponts de l'autoroute du littoral, le long de la voie de chemin de fer vers l'Estaque, sur les bas-côtés et talus du boulevard de Plombières, est bien "naturel" au sens où cela n'a été recherché ni entretenu par personne. Une nature peut-être chétive, échevelée, pas forcément aussi fleurie qu'un parterre de jardin public, mais une nature tout de même – comme en témoigne sa richesse en espèces :

"Comparé à l'ensemble des territoires soumis à la maîtrise et à l'exploitation de l'homme, le tiers-paysage constitue l'espace privilégié d'accueil de la diversité biologique. Les villes, les exploitations agricoles et forestières, les sites voués à l'industrie, au tourisme, à l'activité humaine, l'espace de maîtrise et de décision sélectionnent la diversité et parfois l'excluent totalement. Le nombre d'espèces recensées dans un champ, une culture ou une forêt gérée est faible en comparaison du nombre recensé dans un délaissé qui leur est attenant. "

Ce que ces friches enseignent ici à celui qui les regarde, qui les recherche, qui s'intéresse à leur présence insolite, insistante, entêtée, c'est que la nature sauvage est à portée de main, en bas de chez nous, jusque dans nos villes ; qu'aucune ville ne parvient tout à fait à dénaturaliser un espace, que tout ce qui vit aspire à vivre, à s'étaler, à s'étendre, à exprimer la même spontanéité. Qu'il n'est, en somme, pas besoin d'être vierge pour être sauvage.

Et quelles que soient les dimensions du lieu considéré, ce retour imprévu du végétal, parfois proliférant, a de quoi réveiller nos broussailles intimes, notre sauvagerie personnelle, comme si la vie nous disait que le vernis de l'humanité civilisée n'aurait jamais le pouvoir de mettre un terme à cette étreinte universelle et pleine de sève dont nous participons :

"Il y avait un banc de pierre dans un coin, une ou deux statues moisies, quelques treillages décloués par le temps pourrissant sur le mur ; du reste plus d'allées ni de gazon : du chiendent partout. Le jardinage était parti et la nature était revenue. Les mauvaises herbes abondaient, aventure admirable pour un pauvre coin de terre. La fête des giroflées y était splendide. Rien dans ce jardin ne contrariait l'effort sacré des choses vers la vie ; la croissance vénérable était là chez elle. Les arbres s'étaient baissés vers les ronces, les ronces étaient montées vers les arbres, la plante avait grimpé, la branche avait fléchi, ce qui rampe sur la terre avait été trouver ce qui s'épanouit dans l'air, ce qui flotte au vent s'était penché vers ce qui se traîne dans la mousse ; troncs ; rameaux, feuilles, fibres, touffes, vrilles, sarments, épines, étaient

mêlés, traversés, mariés, confondus ; la végétation, dans un em-
brassement étroit et profond, avait célébré[3] !"

Une bonne cinquantaine d'années avant l'invention de l'écologie,
Victor Hugo décrit bien la dimension foncièrement systémique, dynamique et sociale du vivant ; et ce qui pouvait passer alors pour une rê-
verie de peintre apparaît aujourd'hui comme une description assez
exacte du monde vivant.

"Et accompli là, sous l'œil satisfait du créateur, en cet enclos de trois cents pieds carrés[4], le saint mystère de sa fraternité,
symbole de la fraternité humaine. Ce jardin n'était plus un jardin.
C'était une broussaille colossale : c'est-à-dire quelque chose qui
est impénétrable comme une forêt, peuplé comme une ville, fris-
sonnant comme un nid, sombre comme une cathédrale, odorant
comme un bouquet, solitaire comme une tombe, vivant comme
une foule[5]."

Dans le grand naturalisme occidental de Hugo, le peuple de
l'herbe n'est pas d'une autre nature que le peuple des villes ; aussi ne
peut-il, dans son grand roman du peuple urbain, que faire bonne place
au peuple végétal – dans un jardin, notez bien, *abandonné à lui-même*.

notes

1. Gilles Clément, *Manifeste pour le tiers-paysage*, éd. Sujet-objet, Vincennes, 2003.

2. *"A wilderness, in contrast with those areas where man and his own works dominate
the landscape, is hereby recognized as an area where the earth and community of life
are untrammeled by man, where man himself is a visitor who does not remain."*

3. Hugo, *Les Misérables*, II.

4. Environ 30 mètres carrés (6 mètres par 5).

5. *Ibid.*

L'IMPOSSIBLE DÉSERT

Un soir de juin, sur le quai de la gare TER de Berre-l'Etang, quelques herbes faisaient irruption d'un revêtement de goudron d'un centimètre d'épaisseur qu'elles avaient crevé. C'était une station de quelques dizaines de brins, sur environ un mètre de long. Partout la plaque noire avait cédé et explosé sous la poussée des bourgeons qui avaient écarté les uns des autres les gravillons encore tenus par la pâte visqueuse du bitume.

Derrière l'hôtel de ville de Marseille, dans l'escalier de la montée du Saint-Esprit, la moitié de l'escalier a été fermé aux piétons depuis le début, un an auparavant, des travaux de l'Hôtel-Dieu. En un seul printemps, cette moitié d'escaliers a été envahie de plantes allant jusqu'à un mètre de haut, proches les unes des autres de quelques dizaines de centimètres et formant parfois des buissons agglutinés – pariétaires, sisymbre, acacias, sonchus.

Quelles sont les plantes qui poussent en ville ? Y a-t-il des "plantes urbaines" ?

Voici la liste des plantes observées un après-midi de mai lors d'une observation de deux heures, avec l'écologue Véronique Masotti, autour de la gare Saint-Charles, sur une distance d'environ un kilomètre :
Dans l'enceinte de la gare :
Jeunes ailantes d'un mètre le long des voies de la gare (arbres à la croissance très rapide ; les fleurs ont une odeur d'urine

de chat) ; Sonchus (genre de plantes regroupant les "laiterons" parfois consommés en salade dans les régions méditerranéennes) ; Oryzopsis (une herbe de la famille des Poaceae, anciennement dites "graminées") ; Centhrante (plante rudérale typique, une héroïne des décombres) ; Héliotrope (genre de plantes qui doivent leur nom au fait qu'elles se tourneraient vers le soleil ; ici dans une fissure de bitume en plein soleil) ; Bryum (genre de mousse végétale, dans des fissures du béton du quai, côté train).

Au bout du quai de la ligne d'Aubagne, contre un mur, orienté au sud :
Plantain (du latin *plantago*, un genre d'herbes pollinisé par le vent, aux feuilles charnues, résistantes au piétinement) ;
Dittrichia viscosa (cette plante rudérale aux feuilles collantes, fréquente en Méditerranée, a une odeur caractéristique) ;
Orge queue de rat (*espigau* en provençal, plante herbacée très commune dont les épis aux soies rugueuses tendent à s'enfoncer dans la peau des animaux) ;
Conysa canadensis (clandestine, venue d'Amérique du Nord, aujourd'hui très installée en milieu urbain en Europe) ;
Sonchus (voir plus haut) ;
Partout, des centhrantes (voir plus haut).

Face au bâtiment des voitures de location, en haut d'un mur d'un mètre cinquante, et de cinquante centimètres de large :
Brome (genre de plantes herbacées dont certaines sont cultivées en fourragères) ;
Centhrante (voir plus haut) ;
Galium (genre comprenant de nombreuses herbacées, parfois invasives) ;
Oryzopsis (voir plus haut) ;
Pariétaire (du latin *parietarius*, "du mur", de *paries*, "mur" ; dite aussi perce-muraille, casse-pierre, espargoule, gamberoussette, herbe à bouteille ;

c'est l'héroïne des murs, et l'une des plus fréquemment observables à Marseille ; fortement allergène ; sa force réside dans sa capacité à tenir avec très peu d'eau, en particulier par augmentation de sa pression osmotique).

Au pied du même mur, orienté au nord :
Sysimbre (plante médicinale, l'une des clefs de sa réussite étant sa mycorise : une symbiose plante/champignon pour les racines, qui aide l'apport en eau ; quatre-vingt-dix pour cent des plantes sont mycorisées).

Sur un pied d'arbre boulevard National :
Sisymbre (le vaste genre Sisymbre appartient à la grande famille des Brassicacées – anciennement appelées Crucifères ; les sisymbres peuvent provenir d'un balcon ; ils sont souvent présents dans le terreau)
Ruine de Rome (dite aussi "cymbalaire des murs", cette herbacée méditerranéenne tapisse fréquemment les vieux murs et autres milieux calcaires, qu'elle orne de ses fleurs violettes) ;
Poa annua (dite aussi "pâturin annuel", c'est une petite plante herbacée très commune, qui fait un gazon médiocre).

Rue du Coq :
Euphorbe (genre de plantes ayant un suc laiteux et une floraison en ombelles) ;
Pariétaire (voir plus haut) ;
Ailante (voir plus haut) ;
Sisymbre (voir plus haut).

Dans la pelouse de la place de la Rotonde :
Trèfle (Trifolium, célèbre genre de plantes herbacées communes aux feuilles trifoliées) ;
Pâquerette (célèbre plante pérenne qu'on trouve dans les prés, les pelouses, les bords de chemins et les prairies) ;

Véronique (genre de plantes herbacées, dont une espèce, la véronique officinale, était utilisée sur les plaies des lépreux – en référence à sainte Véronique, qui aurait guéri l'empereur Tibère de la lèpre) ;

Oxalis rose (genre de plantes basses, souvent rampantes, à feuilles trifoliées ; souvent des invasives) ;

Petite ciguë (aussi appelée "cerfeuil des bois", c'est une herbacée qu'on trouve le printemps au bord des routes ; sa racine est toxique) ;

Mauve sylvestre (ou "grande mauve", plante herbacée médicinale aux feuilles ressemblant à celles du lierre et aux feuilles rose-pourpre).

A l'entrée de la gare, dans une minifriche de quelques dizaines de mètres carrés :

Lepidium draba (aussi appelée "passerage drave", cette plante pérenne de la famille des Brassicacées pousse le long des routes, sur les talus, dans les bordures bien exposés au soleil, en sol neutre ou calcaire) ;

Coquelicots (célèbre plante de la famille des pavots, très abondante dans les terrains fraîchement remués à partir du mois d'avril en Europe ; c'est parmi les plantes rudérales un vrai champion).

Il s'agit là d'une grande variété de plantes, aux qualités et aux stratégies variées, appartenant à différents genres et à différentes familles. C'est que d'un point de vue écologique, nous l'avons vu, la ville n'est pas un écosystème unifié, mais un ensemble hétéroclite de nombreux types de micro-habitats, à différentes échelles, possédant chacun leurs caractéristiques propres – toits, murs, pieds d'arbres, haies, allées, petits jardins, parcs urbains, friches, fissures et trottoirs, égouts et caves, bords d'eau[1]. Certains de ces milieux exigent de résister à de hautes températures, d'autres au piétinement, d'autres encore à un manque de lumière, d'autres à la quasi-absence d'eau. Un peu comme la forêt équatoriale – univers complexe possédant une grande variété interne dans chacun des étages de ses strates arborées – la ville est, d'un point de vue écologique, un "éco-complexe", c'est-à-dire un "système d'écosystèmes". Derrière la domination massive et indiscutable du minéral, la ville offre en réalité, avec ses falaises et ses vallées, ses pics et ses trous, ses arbres et ses pelouses, ses bouts de terre et ses coins abandonnés, une grande variété de niches écologiques différentes à un grand nombre d'espèces végétales et animales – sinon à un très grand nombre d'individus.

Cependant, en dépit de leurs origines diverses (locales ou lointaines, accidentelles ou ornementales) et de leurs conditions de vie hétéroclites, les végétaux les plus fréquents en milieu urbain tendent à partager quelques traits communs basiques, quelques qualités qui les rend "urbanisables" : appartenant souvent au groupe des plantes dites "opportunistes[2]", les plantes urbaines seront en général celles qui peuvent tolérer beaucoup d'ensoleillement, et/ou se contenter de peu de nutriments, et/ou avoir une production de semences importante et précoce dans leur développement – le coquelicot étant un cas extrême de fertilité, avec plus de dix mille graines par pied[3].

Parmi les plantes qui vivent en milieu urbain, partout dans le monde, on retrouve une proportion importante de plantes rudérales, qui poussent spontanément dans les friches, le long des chemins, ou à proximité des lieux habités par l'homme. Or, parmi les différentes caractéristiques qui font que les plantes rudérales sont adaptées à leurs "ruines", il se trouve qu'elles sont très souvent *nitrophiles* ; c'est-à-dire qu'elles aiment les nitrates. Cela peut sembler surprenant, car *tous* les végétaux en général aiment les nitrates (NO_3), puisque l'azote (N) est le principal constituant des engrais. Mais ce n'est pas assez de dire que les nitrophiles aiment les nitrates. Elles ne les aiment pas, elles en sont folles. Elles les engloutissent sans limite – c'est-à-dire qu'elles sont capables de vivre là où les autres ne le sont pas : sur des sols saturés en nitrate. C'est pourquoi, dans les enclos de pierre sèche du bocage, on voit souvent des orties là où le bétail, régulièrement rassemblé, a saturé le sol en urine. C'est pour la même raison que le long des chemins, les ronces règnent ; le sureau noir, en bord des champs ; le pissenlit et l'oseille, en prairie ; ou encore la fougère, en moyenne montagne. Parmi les différents facteurs qui permettent à certains végétaux de vivre en ville, le goût de l'urine n'est donc pas à négliger.

Dans la mesure où les plantes rudérales affectionnent les milieux ouverts (par opposition aux milieux fermés, comme la forêt), les milieux perturbés ou instables, ce sont donc souvent des espèces que l'on appelle "pionnières" : les premières à *recoloniser un milieu perdu*. Toutes ces plantes que nous voyons en ville, ce sont donc les "chevau-légers" du monde végétal – ces "mauvaises herbes" sans feu ni lieu, inféodées à rien, fondamentalement nomades, adaptables, opportunistes, qui défendent le "monde des plantes" contre les attaques qui lui sont faites. Ce sont elles qui, à l'avant-poste de la "végétosphère", viennent refermer les plaies faites dans le tissu mondial qui recouvre quasiment toute la surface terrestre. Elles ne sont que le premier chapitre d'une séquence qui doit, graduellement, permettre la reconquête du milieu perdu. Car notre monde vivant est d'abord un monde végétal – où les animaux sont secondaires – pour la simple raison que les plantes, à la différence des animaux qui s'en nourrissent, sont seules capables de créer de la matière organique à partir de la matière inorganique. Mangez des cailloux, et on en reparle.

La ville, c'est un surgissement minéral, un petit désert artificiel, sur lequel ne cesse de s'exercer une pression végétale qu'il faut continuellement repousser. Ce qu'il y a de fascinant dans les poacées émergeant du bitume à la gare de Berre-l'Etang, ou dans les pariétaires des immeubles haussmanniens de Marseille, c'est qu'ils marquent le rejet par la biosphère (tout entière, animaux et végétaux) de zones exclusivement minérales, de ces "zoos monospécifiques" d'*Homo sapiens* que sont les villes. Nous sommes cernés.

Et dès que s'interrompt le piétinement quotidien des citadins, la surface perméabilisée des villes se hérisse de végétation en quelques semaines ; et commence à se faire un bout de sol. La minéralité de la ville, loin d'être une situation acquise, est le résultat d'une action continue contre la végétalisation. La ville est un espace impossible ; il y a quelque chose d'utopique ou d'extra-terrestre dans la grande ville. Aussi l'espace urbain est-il en réalité un champ de bataille. Bien que stérilisé par les revêtements, piétiné par les passants et les véhicules, "nettoyé" par les pesticides, le sol ne cesse d'accueillir, partout, de nouvelles pousses. Si on laissait cette première génération de pionnières passer l'hiver, de nouvelles espèces de plantes viendraient au printemps suivant se joindre à elles dans cet espace qu'elles auraient rendu plus favorable, pour reformer une première communauté de plantes, laquelle accueillerait sans tarder de nouvelles variétés d'insectes, constituant ainsi un réseau de plus en plus dense de végétation. Dix ans plus tard, à l'échelle d'une ville, toutes les rues ressembleraient à une gigantesque friche végétale. En cent ans, la ville serait devenue une jeune forêt abritant des bâtiments en ruine, tous brisés en morceaux par l'action puissamment destructrice du végétal. Plantes de ruines, les plantes rudérales sont aussi à entendre comme celles qui ont la puissance de mettre nos villes en ruines.

Tout modernes que nous soyons, nos positions sont précaires. Pour maintenir la stérilité urbaine, il nous faut exercer, dans nos villes, une répression continue contre la recolonisation de la biosphère – piétinement, nettoyage, arrachage, pesticides, kärcher d'eau chaude… Il n'est pas de tout repos d'en avoir fini avec la nature.

notes

1. Une analyse typologique détaillée de ces différentes situations écologiques urbaines est proposée par le *Guide des curieux de nature en ville*, de Vincent Albouy, sans référence toutefois à des villes concrètes (Delachaux, Lonay, 2006).

2. Est dite "opportuniste" une espèce "non inféodée" à un type d'écosystème, et donc capable d'occuper une gamme variée d'habitats selon les circonstances, ou d'adapter son alimentation aux ressources immédiatement disponibles.

3. Communication personnelle de l'écologue Véronique Masotti, mai 2011.

Avec Dalila Ladjal et Stéphane Brisset,
artistes, collectif "SAFI"

LA FRICHE DE LA MIRABILIS

A la gare Saint-Charles, prenez le TER direction Aix-en-Provence, pour un voyage d'environ quatre minutes, au tarif d'un euro quarante. Descendez à la station Picon-Busserine. C'est ici, derrière la cité de la Busserine, au cœur des quartiers Nord, que commence la balade proposée par Dalila Ladjal et Stéphane Brisset (membres fondateurs du collectif SAFI), qui n'ont pas seulement réalisé une carte du chemin et des plantes sauvages qu'on peut y cueillir, mais l'ont en partie créé, physiquement, en débroussaillant certaines traverses.

Les plantes sauvages qu'ils recueillent en ville, Dalila Ladjal et Stéphane Brisset les inventorient, les cuisinent, en retracent l'histoire, en extraient les graines, en font des grainetiers, en diffusent les arômes et les secrets auprès des habitants. Avec ces plantes urbaines, ils retrouvent des usages perdus, ils inventent de nouvelles recettes. Ils invitent à manger le paysage, et ils apprennent à voir autrement la ville.

Depuis la gare, rejoignez la cité Ricard en longeant le stade. De là, près de l'entrée de la ferme pédagogique, prenez à gauche la petite traverse de la Croix, et montez jusqu'à l'église. Encore quelques centaines de mètres et vous arrivez sur le lieu du chantier, dans les hauts de Sainte-Marthe : une vaste friche végétale en pleine ville – déjà mangée aux deux tiers par un chantier spectaculaire, comme l'indiquent les deux ou trois trente-trois tonnes

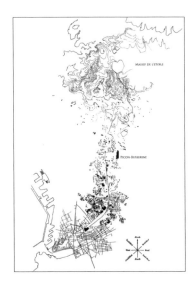

Esquisse de promenade proposée en 2011 par le collectif SAFI aux autres artistes marcheurs associés du GR 2013 pour une balade de repérage : de Saint-Charles à la gare de Picon-Busserine en TER, puis à pied jusqu'au massif de l'Etoile. © SAFI

que vous avez croisés et l'immense panneau verni représentant une idyllique résidence sécurisée en 3D, et annonçant clairement la couleur : "Les Chlorophylles : la nouvelle sensation verte à Marseille".

Depuis bientôt dix ans, Dalila Ladjal herborisait dans la Mirabilis, qui est un peu le laboratoire, le grenier, le sanctuaire et le garde-manger du travail artistique de SAFI.

Nous y voilà. Depuis quelques mois, on entre à la Mirabilis par ce grand chemin terrassé, qui sera bientôt une route. Un beau matin, on a vu apparaître dans la friche cette grande route en croix, qui découpe l'espace vert au couteau. En contrebas, devant les immeubles sortis de terre, il reste six arbres côte à côte – ils ont gardé quelques îlots symboliques. Mais derrière ce talus, il reste un bout de friche. Roquette, mauve, armoise, fenouil, chénopode blanc (ou épinard sauvage). Tu sens les odeurs que soulèvent nos pas ? Beaucoup de ces plantes sauvages sont comestibles.

Nous avons commencé à fréquenter assidument ce lieu en 2001, lorsque nous avons rencontré l'équipe de l'association Arènes, qui préparait le premier festival *L'Art des lieux* (qui a eu lieu en 2002). Ça a été pour SAFI un moment fondateur. Lors des deux années qui ont suivi, nous avons participé à *L'Art des lieux* qui s'est ensuite déroulé successivement à la Rose, à la Cayolle et au belvédère de Séon. Quand on a débarqué de Paris avec Stéphane (Brisset) il y a une dizaine d'années, ça a été un choc avec la ville. C'est à Marseille que nous sommes sortis de l'atelier. Sortir de l'atelier, ça déplace tout – toi, le spectateur, les objets, ta pratique. Marseille nous a tellement attrapés, fascinés, qu'on voulait l'observer tout le temps, ne rien en rater. Cette friction entre l'urbain et le végétal, cette espèce de paradoxe d'une mémoire qui affleure partout, tout en ne cessant de disparaître : Marseille est à la fois très conservatrice dans ses usages et ses pratiques, et en même temps très prompte au recouvrement pour bâtir de nouvelles histoires. Souvent, elle place son sens de la conservation dans peu de choses, dans des choses de peu – dans ce qu'on appelle le vernaculaire.

La Mirabilis est un ancien terrain bastidaire – une maison de maître, une ferme, des champs dont s'occupait un fermier, des vergers et des terrains pour la chasse, un jardin exotique... Chaque type de jardin fait référence à une activité. Il témoigne d'une histoire, d'une relation que des gens avaient avec leur environnement immédiat. Plus tard, avec l'arrivée du canal de Marseille, on verra apparaître tout un travail sur la célébration de l'eau : bassins, fontaines en rocaille. Le ruisseau de Plombières passe juste en contrebas, on va le traverser.

Les bastides ont souvent été rachetées au cours du XXe siècle, par les fermiers qui s'en occupaient, l'arrivée du canal de Marseille ayant rendu possible le développement du maraîchage et de la pâture. Mais, petit à petit, l'activité agricole locale a fait place à de l'importation, et les agriculteurs ont cessé leur activité. Les terrains ont été vendus, morcelés, ou préemptés par la ville de Marseille en vue de la construction de la future rocade L2 et du développement urbain. Comme on a peu à peu compris que la création de cette voie prendrait plus de temps que prévu, la ville a fini par revendre cette portion à un promoteur, dans les années 1980, qui a construit une barre d'immeubles. Mais pour des *raisons juridiques, je ne sais quel vice de forme, la barre, quasiment construite, n'a jamais été livrée. Elle est restée comme ça, en l'état, pendant deux décennies, jusqu'à sa destruction il y a quatre ou cinq ans.*

En 2000, dans le cadre de la révision du plan d'occupation des sols, les terrains préemptés par la ville ont changé d'affectation. Grâce à la mobilisation des habitants, d'associations locales soutenues par l'association Arènes, cent cinquante hectares de terrain ont été réservés à une zone d'aménagement concerté (ZAC). Le projet est de faire un écoquartier. Ici nous sommes dans l'îlot Mirabilis. Ces immeubles s'appellent "les Chlorophylles", c'est "La nouvelle sensation verte à Marseille". La ZAC comporte deux autres îlots pas très loin, "Cœur de Bessons", et "Cœur de Santa Cruz". En tout, des centaines ou des milliers de logements, des écoles, des commerces, des routes... c'est tout un bout de ville qui s'installe ici.

Dans cette friche, tu oublies rarement que tu es dans un ancien jardin. Les arbres de Judée ont été plantés à côté des oliviers – c'est pour attirer la mouche qui parasite les olives. Ça, ce sont des amarantes, c'est une plante extrêmement riche en protéine, une vraie bombe nutritionnelle. Voilà une plante d'avenir ! Elle pousse sur des sols pauvres, demande peu d'eau et produit une grande quantité de nutriments de qualité. Je m'en sers pour faire des bricks (les feuilles pour la farce, les graines sur les feuilles de brick).

Chicorée, menthe sauvage. Ces quantités de papillons blancs sont des piérides du chou, attirés par les crucifères. Concombre d'âne (attention, ils explosent quand on les touche, pour disséminer les graines). Une variété d'oseille qu'on appelle la "patience violon", à cause de la forme des feuilles. Voilà les bosquets : laurier, viburnum, pruniers, frênes, et un noisetier. Les bords du ruisseau invitent la prêle. Et nous voilà aux trois magnifiques chênes blancs. Majestueux, ils ont au moins trois siècles. Ici, des troènes, dont on se sert pour nos tressages. Houblon, ortie, laurier sauce. Six mois à peine après le passage du bulldozer, tout ça est entièrement recouvert ! Mauvette... Une feuille immense de bardane.

Dans des endroits comme la Mirabilis, je vois le génie végétal à l'œuvre, et je me remets en contact avec les trésors d'imagination dont les humains font preuve, depuis des millénaires, pour assurer leur subsistance. J'aime le génie de la nécessité. Toutes ces observations nourrissent mon rapport au monde. Je vois dans ces petites choses les parties d'un tout qui s'emboîtent et qui sont interdépendantes. Pour moi, ces bouts de nature dans la ville sont des espaces vitaux. Parfois on les enlève, parce qu'on ne sait plus à quoi ils servent, exactement comme à une époque on enlevait les amygdales. Mais ce sont des lieux de connexion à l'univers. La Mirabilis est un lieu pour rêver le monde.

Au bout du compte, à la Mirabilis, chaque promoteur a fait ici son bout d'opération immobilière ; et l'écoquartier, finalement, ce ne sont que des normes de construction : isolation, chauffage, rétention d'eau. Le caractère exceptionnel du site n'est pratiquement pas pris en compte. Le problème avec cet étalement urbain, c'est le manque de prise en compte du potentiel. Le projet de ce quartier est-il de loger des gens dans un paradis perdu qui s'appellerait les Chlorophylles ? La situation exceptionnelle du site devrait nous inciter à réfléchir l'aménagement en terme de projet de ville, de vie. Le ruisseau de Plombières, les terres fertiles sont des atouts majeurs du site qu'il faudrait préserver, valoriser. Quelle belle opportunité pour un quartier que de miser sur son environnement naturel pour être traversé. Que serait un écoquartier qui ne prendrait pas en compte la présence de son environnement naturel immédiat ?

Il faut faire attention à ne pas rater ce qui pourrait faire de Marseille une ville pionnière. C'est un îlot unique, en plein dans les quartiers Nord, à deux pas de la Busserine et du Merlan... un lieu d'expérimentation incroyable. Un lieu où une ville nouvelle peut s'inventer, qui permettrait de concilier densité urbaine, production locale. Ce pourrait être la ville de demain : ce serait dommage de construire la ville d'hier.

Avec Olivier Bedu,
architecte, collectif "Cabanon vertical"

ARCHITECTURE SAUVAGE

Sur l'ensemble de la planète, il y a davantage de logements construits après 1945 que de logements construits pendant le reste de l'histoire de l'humanité[1]. Sous cet aspect parmi d'autres, Marseille est, pour le meilleur et pour le pire, à l'image du monde : plus d'un Marseillais sur deux habite dans un bâtiment construit après la Seconde Guerre mondiale[2]. Mais jamais très loin des barres et des résidences, il y a les cabanons. D'un point de vue architectural, la ville est ainsi marquée par la coexistence spectaculaire entre la géométrie du mouvement moderne et l'irrégularité de l'autoconstruction vernaculaire ; entre la rationalité dépouillée de l'optimisme machinal, et la précarité ancestrale d'un bâti que n'a précédé aucun dessin. Dieu seul sait lequel des deux appartient le plus au passé ; ce qui est certain, c'est que les deux sont là. Parfois d'ailleurs, ils collaborent : un cabanon vient ainsi se glisser discrètement sur le toit plat d'un imeuble, pour y ajouter un dernier étage improvisé. En développant les formes de ce dialogue irrévérencieux entre la règle et l'usage, entre l'Etat et l'individu, entre la norme et la fantaisie, le logement et la résidence secondaire, l'architecte Olivier Bedu et son collectif Cabanon vertical ont tant joué avec l'architecture qu'ils ont fait œuvre d'artistes. Ils ont surtout contribué à révéler et à exporter la signification universelle de cette cohabitation architecturale typiquement marseillaise.

Pour moi aussi, la friche de la Mirabilis et le festival L'Art des lieux ont été un élément fondateur ; c'est ici qu'est né le collectif Cabanon vertical. Même si, contrairement à SAFI, *c'est l'intérêt pour la chose urbaine – et non le végétal – qui nous y a amenés. Ce qui était spectaculaire dans le site de la Mirabilis tel que je l'ai découvert en 2002, c'était ce grand projet urbain inachevé qui était en train de se faire envahir par la végétation – et occupé par les chèvres.* SAFI *est arrivé ici par la colline, et nous par les grands ensembles !*

Les grands ensembles, c'était mon sujet de diplôme d'architecte. J'avais été à Hanoï au Viêtnam et je m'étais intéressé de près à l'architecture vernaculaire – spontanée, sauvage, populaire, bricolée – qui était développée par les gens sur les grands ensembles où ils vivaient. Ça m'intéressait de voir comment, à partir d'un urbanisme pensé à grande échelle, se mettaient en place des réappropriations singulières. Comment tu transformes un milieu de vie prédéfini. Le marxisme combiné au mouvement moderne avait entraîné des formes de logement très normées au Viêtnam, parfois loin de la réalité sociale du pays. Par exemple les cuisines étaient communes ; mais chaque famille avait reconstruit sa propre cuisine traditionnelle comme elle avait pu dans ces ensembles, souvent à l'extérieur des bâtiments. En France, on trouve souvent des ateliers ou des petites maisons dans les cours, par exemple à l'arrière d'un immeuble haussmannien ; mais ici, à l'inverse, ces modules extérieurs venaient connecter le bâtiment à la rue. Parfois il y avait tellement de ces cabanes qu'on ne lisait plus le grand ensemble d'origine !

Au moment de L'Art des lieux, je venais de m'installer à Marseille, et j'étais vers les Goudes – le temple du cabanon. Suite à mon diplôme et mon séjour vietnamien, j'étais précisément venu chercher ça à Marseille. En voyant cette barre de béton abandonné à la Mirabilis, auprès de laquelle paissaient des troupeaux de chèvre, j'ai eu envie d'y greffer un cabanon des Goudes – dans le style vietnamien. L'idée était de récupérer tout ce que je pouvais trouver comme déchets de cabanon aux Goudes – à l'époque, certains commençaient à être revendus, ou transformés en petites villas. J'ai réalisé le projet avec Christian Geschvindermann, qui

La friche de la Mirabilis, 2002. © Olivier Bedu

est scénographe et qui avait beaucoup travaillé sur la question urbaine avec le collectif artistique Ici-Même Paris. Cette installation-manifeste, Cabanon vertical, a donné son nom à notre collectif.

Dans la foulée, j'ai fait un photomontage d'une des barres de la cité Félix-Pyat, en l'agrémentant de cabanes vietnamiennes. Ce qui m'intéressait là-dedans, c'était comment créer de la villégiature sans bouger de chez soi. Comment, lorsque l'accès à la propriété n'est pas envisageable, tu peux quand même te créer un autre monde sur le balcon. La cabane, c'est aussi un lieu où on peut un peu se déshabiller, jouer les Robinson. Changer de posture. Pour moi, la cabane, ça renvoie plus encore à la vie sauvage qu'à l'enfance.

Les grands ensembles, on en a hérité ; faisons avec : colonisons-les, modifions-les, transformons-les, approprions-nous-les. La logique de la table rase, c'est précisément la logique moderniste qui a présidé à leur construction. Maintenant ils sont là ; c'est un peu comme une montagne ou une colline. Chaque cas est particulier, mais en faisant de nouveaux immeubles connectés à la barre existante, on peut déjà modifier les lieux et les usages. Avec Cabanon vertical, on pensait intéresser les bailleurs sociaux... mais on a intéressé l'art contemporain.

notes

1. Nicolas Mémain, communication personnelle, 2011.

2. T. Durousseau, *op. cit.*

Avec Etienne Ballan,
sociologue, fondateur d'Arènes et de L'Art des lieux

L'ART DES LIEUX

Depuis que la spéculation immobilière a repris à Marseille dans les années 1990, en centre-ville mais aussi et surtout dans les 13ᵉ, 14ᵉ, 15ᵉ et 16ᵉ arrondissements, de nombreuses luttes ont opposé les habitants et les promoteurs, dans des conflits arbitrés par les pouvoirs publics. L'ancien élu communiste Rudy Vigier se souvient de combats de longue haleine, en lien avec des associations locales, autour du quartier de la Rose – auréolés de quelques victoires, comme l'annulation du projet de rocade S8.

"Sans une volonté politique résolue contre l'argent-roi, il ne peut y avoir de défense réelle de l'environnement", résumait avec énergie un tract des années 1990. Rudy Vigier trouvait qu'il y avait là de quoi fonder une rénovation écologique du marxisme – ou tout au moins inviter à une alliance entre rouges et verts –, que Marx lui-même semble autoriser :

> "Chaque progrès de l'agriculture capitaliste est un progrès non seulement dans l'art d'exploiter le travailleur, mais encore dans l'art de dépouiller le sol ; chaque progrès dans l'art d'accroître sa fertilité pour un temps, un progrès dans la ruine de ses sources durables de fertilité. [...] La production capitaliste ne développe donc la technique et la combinaison du processus de production

Manifestation contre le projet de rocade S8, années 1990. Tract du PCF. (Avec l'accord de Rudy Vigier.)

sociale qu'en épuisant en même temps les deux sources d'où jaillit toute richesse : la terre et le travailleur[1]."

A la fois pour sa force paysagère et poétique, pour la saga urbanistique dont il a été le théâtre, et pour sa fonction étonnante de pépinière artistique et culturelle au début des années 2000, la friche de la Mirabilis occupe une place singulière dans l'histoire récente de la nature à Marseille. Cette vaste friche d'une trentaine d'hectares, ancien terrain bastidaire accroché dans les hauts de Sainte-Marthe, à quelques centaines de mètres de cités comme la Busserine, offrait, en piémont de la chaîne de l'Etoile, un balcon sauvage sur la colline, la ville et les îles du Frioul à l'horizon. Après dix ans de luttes, d'actions culturelles, qui ont débouché sur la création d'une ZAC (zone d'aménagement concertée), quasiment l'intégralité de ce lieu unique a aujourd'hui disparu et laissé place à des résidences – "haute qualité environnementale".

En fondant au début des années 2000 le festival L'Art des lieux, le sociologue Etienne Ballan proposait des interventions artistiques de plein air comme les leviers d'un nouvel urbanisme. Aujourd'hui disparu, ce festival a néanmoins été un important terreau pour plusieurs acteurs-clés de la scène artistique marseillaise contemporaine. En articulant art et aménagement, ville et nature, territoire et création, le festival L'Art des lieux a été une préfiguration de ce que sera peut-être Marseille-Provence capitale européenne de la culture en 2013.

Marseille est une "ville-nature", mais cette réalité est en contradiction directe avec le sens des politiques publiques sur le territoire. Depuis dix ans, les espaces naturels se sont beaucoup réduits. L'urbanisme va plus vite que les réseaux d'acteurs qui veulent se lier à des mouvements sociaux pour valoriser la nature en ville.

Il y a dix ans, on a investi ces enjeux-là dans un processus au départ un peu informel. On savait que le foncier allait partir. Le POS de 1993 avait en effet été annulé en 1996, grâce au travail de plusieurs associations ; mais les promoteurs – Bouygues, Kaufman & Broad – et les banques sont revenus à la charge en disant à la ville : "Cette fois-ci, c'est nous qui tenons le crayon." Le nouveau POS de 2000 a ainsi été écrit par les promoteurs.

Ce POS a cristallisé une lutte en particulier : celle des hauts de Sainte-Marthe – trois cent cinquante hectares autour de la friche de la Mirabilis qui étaient ouverts à l'urbanisation. J'ai décidé de faire mon DEA de sociologie là-dessus : sur la question de la mobilisation des riverains sur ce territoire. C'est à cette occasion que j'ai rencontré le paysagiste Christian Tamisier, qui s'intéressait à tout cela sous l'angle de l'histoire des bastides, et de tout cet art immémorial de la vie rurale à Marseille. Le comité d'intérêt de quartier (CIQ) était de son côté engagé dans une lutte contre le projet. Nous avons tous fusionné nos argumentaires, en disant ensemble la chose suivante : "Pourquoi pas un projet d'urbanisation sur ce territoire, mais à condition qu'on le conçoive à partir des enjeux patrimoniaux et paysagers du site, et en lien avec le contexte urbain, en l'occurrence avec les quartiers Nord." Tamisier avait justement fait un rapport sur le thème de la relation entre patrimoine paysager et banlieue[2].

Les hauts de Sainte-Marthe constituaient une opportunité extrêmement rare : des espaces immenses, pleins de bastides, et tout ça entre colline et cités. Forcément, il y avait donc une conjonction d'intérêts locaux pas forcément convergents, et donc des conflits d'usage.

La logique d'action d'Arènes consiste à se connecter à une mobilisation territoriale existante. Nous sommes "des militants de la participation", en lien avec des populations déjà mobilisées. Arènes a été créé en 1999 autour de groupes locaux mobilisés contre un projet d'urbanisme à la Rose : il s'agissait d'un projet d'autoroute urbaine qui s'appelait le "boulevard urbain de l'Etoile", ou "S08", qui reliait la Rose à la technopole de Château-Gombert. La mobilisation des habitants a eu raison du projet, qui ne s'est pas fait. Le festival L'Art des lieux, que nous avons organisé en 2003 à la Rose, a eu un impact fort dans cette lutte contre la S08. J'en fais un principe de méthode : il faut toujours commencer par révéler les qualités du lieu, avant de dénoncer un projet.

Le festival L'Art des lieux était positionné au croisement de l'artistique et des enjeux d'aménagement urbain : nous ne voulions pas séparer, ni même distinguer les deux. En ce début des années 2000, la mode était encore à l'investissement par la culture des friches industrielles. Mais ce genre de friches appartient en général à un propriétaire, public ou privé ; et une fois squattées et/ou réhabilitées, elles perdent tout caractère d'espace public et finissent bien souvent coupées du quartier où elles se trouvent, dans une logique de phalanstère.

Là où le festival L'Art des lieux se voulait innovant, c'était dans l'idée d'occuper de vraies friches végétales, des espaces ouverts, potentiellement de vrais espaces publics appropriables par le quartier. Un des points-clés de notre démarche était de commencer par approcher les propriétaires fonciers de ces espaces, pour entamer avec eux une discussion de fond sur leur usage.

Au fil des années, le festival L'Art des lieux s'est déroulé dans quatre endroits : en 2002 à Sainte-Marthe, en 2003 à la Rose, en 2004 à la Cayolle, et en 2006 au belvédère de Séon. Le festival durait trois jours, du vendredi soir au dimanche soir, toujours au mois de mai, et accueillait plusieurs milliers de personnes – jusqu'à huit mille. On a réussi à obtenir des financements au service culture puis politique de la ville, et on a aussi fait des partenariats privés, par exemple avec Ricard, qui est implanté à Sainte-Marthe.

En préalable de chaque festival, nous organisions pour les artistes une visite commentée des lieux – du site même et du contexte. Nous nous baladions avec eux et leur présentions les lieux de façon approfondie, suite à quoi ils avaient carte blanche pour leur création. Ces balades en elles-mêmes ont souvent été des moments exceptionnels. Christian Tamisier a théorisé ce qu'il a appelé "les usages sociaux de la nature". Avec Michel Péraldi, du Cerfise, ils ont fait le lien de façon assez pionnière, à partir de Marseille, entre l'urbain et l'environnemental. C'est précisément dans ce lien qu'Arènes inscrit son action. Car, souvent, les deux sont déconnectés : il y a ceux qui font de la "participation au projet urbain", et ceux qui font de la "participation au projet environnemental" – on considère qu'il y a là en général deux types d'espaces, d'ailleurs régis par des codes différents, le code de l'urbanisme et le code de l'environnement. Au cœur de notre travail, il y avait cette idée de faire la ville avec la nature. D'établir collectivement un rapport social à la nature. D'habiter l'environnement.

notes

1. Karl Marx, *Capital*, I, IV, chapitre XV : "Machinisme et grande industrie", Flammarion, Paris, 1969.

2. C. Tamisier, A. Fuzibet : "Patrimoine, paysage et banlieue à Marseille", document de synthèse de travaux de recherche, ministère de l'Equipement, conseil général des Bouches-du-Rhône, direction régionale des Affaires culturelles de PACA, Transit, 1995.

Avec Jean-Noël Consalès,
urbaniste et géographe

AGRI-URBANISME

Au cœur du "terroir marseillais", quelques kilomètres en contrebas de la friche de la Mirabilis, l'urbaniste
Jean-Noël Consalès[1] nous propose une petite balade urbaine, de trois ou quatre kilomètres environ, le long
d'une continuité végétale d'espaces délaissés, entre la
Rose et l'université Saint-Jérôme (13e arrondissement),
qu'il propose de valoriser comme chemin piétonnier. Il
nous livre chemin faisant sa conception de "l'agri-urbanisme". Peut-on cultiver la ville comme on cultive la
terre ?

*Même si les jardins occupent une surface limitée dans
l'ensemble de la ville, ils sont pour moi au centre de la ville
de demain : car ils sont des laboratoires de ce que la nature
peut en général apporter à la ville – et en particulier dans le
domaine agricole.*

*Je rêve depuis longtemps d'un vaste projet de jardinage
urbain que j'appelle "le Marseille du terradou" (le Marseille
du terroir). On peut vraiment parler d'un terroir marseillais.
D'abord parce que le territoire communal est si bien circonscrit, limité, par les massifs tout autour ; et ensuite parce
qu'au XIXe siècle, hors du centre-ville, l'essentiel de la commune était agricole.*

Ici, à la Rose, on est en plein cœur de cette immense ceinture agricole de Marseille, large de plusieurs kilomètres, une bande qui s'étirait en cercle, entre piémonts et centre-ville. Un peu plus à l'est, Sainte-Marthe était spécialisé dans l'élevage laitier ; le quartier garde encore de belles traces de bocage. A Château-Gombert, c'était le maraîchage.

A Marseille, il faut bien comprendre qu'il y a eu une urbanisation particulière, liée à un territoire particulier : un territoire à la fois immense et circonscrit (par l'amphithéâtre des massifs).

Le XIXe siècle a été un tournant majeur pour Marseille. L'arrivée de l'eau par le canal de Marseille au milieu du siècle a démultiplié les bastides – et aussi les bastidons et autres déclinaisons de la bastide plus modestes, que pouvaient s'offrir les classes moyennes. Les classes populaires aussi se bricolaient leur cabanon. Le résultat, c'est que toutes les classes sociales avaient accès à la nature.

Or ces territoires agricoles ont servi, pendant les Trente Glorieuses, à l'urbanisation. Une urbanisation qui ne s'est pas faite d'un coup, de façon concertée, ni même comme une vague progressive avançant sur un front régulier, mais comme un puzzle, morceau après morceau, domaine après domaine, cité après cité.

C'est la raison pour laquelle à Marseille, tu trouves, entre les cités, les noyaux villageois et les champs, tellement de "délaissés" – ces bouts de nature abandonnés, sans fonction, en friche. C'est un schéma très différent du schéma habituel des villes de plaine, où les ceintures agricoles sont devenues, uniformément, des banlieues (cités et pavillons).

Ici, impasse Barielle, nous sommes juste au-dessus de la gare de métro de La Rose, face à une friche de cent mètres de côté environ – juste à côté du gros bâtiment commercial Milhe et Avons. Et tout autour, partout, des résidences fermées, des pavillons, des grues. Dans les 13e et 14e arrondissements (mais ça vaut aussi dans les 15e et 16e), on est face à une énorme densification depuis la fin des années 1990. Les nombreux délaissés sont urbanisés. Sous prétexte de densifier la ville, on se débarrasse petit à petit de tous ces espaces verts où l'on ne voit qu'un vide urbain à remplir.

Je crains que nous ne soyons en train de rater quelque chose.

Le délaissé n'est pas du vide – c'est à la fois un réservoir de biodiversité ordinaire (animale et végétale) et un lieu de respiration pour le citadin. Ici, on ne construit pas de la ville dense au sens mixte du terme, comme peuvent encore l'être les centres-villes. Et le maintien de ces espaces de respiration est tout à fait compatible avec le genre de densité qu'on a dans cette ville résidentielle. Je suis vraiment favorable au modèle de la "ville en archipel" – une ville conçue comme un archipel d'îlots de ville successifs entourés de nature.

Je suis né à la Viste, où j'ai vécu 23 ans – dans la "cité des 38". Le grand avantage de ces délaissés, c'est que c'est le jardin de tout le monde. Quelle que soit ta classe sociale, à Marseille, tu es en contact avec la nature.

Au fond, la grande question, c'est de savoir si le modèle actuel d'urbanisation correspond aux besoins de ce territoire. On construit de la résidence fermée pour classes moyennes, dans un territoire où les populations sont plus pauvres.

Le long de cet axe que nous sommes en train de suivre, entre la Rose et l'université de Saint-Jérôme (deux kilomètres et demi environ), il y a une continuité végétale ; il faudrait donc créer un cheminement pédestre, qui serait non seulement utile aux étudiants, mais qui créerait une "coulée verte", un corridor écologique. Sur ces talus qui bordent le chemin de Notre-Dame-de-la-Consolation, j'avais proposé la création de jardins, dans ces délaissés qui bordent la route (quand j'étais président de l'association des jardins familiaux).

Dans ces quartiers, on est vraiment dans la ville palimpseste. Ici des murets de bastides qui restent autour de cette résidence ; là un vieux calvaire le long de l'allée qui mène au bâtiment des témoins de Jéhovah ; partout d'anciens chemins ruraux qui mènent désormais à des villas – mais encore entourés de champs. Et ça vaut aussi pour les noms. Au 126 chemin de Notre-Dame-de-la-Consolation, cette résidence s'appelle "bastide du château". Tout comme le centre médical, tout ça c'est d'anciennes friches agricoles.

Quand tu passes ici en voiture, ça a l'air monotone et homogène. Mais dès que tu es à pied, toute la richesse et la variété de ce territoire urbain se révèle. Les murets, les bastides, les petits cabanons...

Voici l'une des nombreuses résidences semi-fermées destinées à des classes moyennes supérieures. De la pelouse, des grilles vertes de deux mètres cinquante de haut environ (toujours les mêmes), un sol "viabilisé", c'est-à-dire largement imperméabilisé, un petit ruisseau canalisé, et un minuscule bassin de rétention qui ne suffira pas en cas de crue centennale. Et juste derrière la résidence, une allée de platanes bastidaire.

La question de base, c'est : "A-t-on un contact avec la nature ou pas ?" On tient là un invariant social humain: nous avons besoin d'avoir un contact régulier avec la nature. Or de ce point de vue, on est dans une ville qui a un énorme potentiel. Et une formule binaire du genre "ville dense" d'un côté, et "calanques" de l'autre, serait une aberration. A une époque où on n'a plus assez d'argent pour créer de toutes pièces de nouveaux espaces verts, il nous reste en revanche la possibilité, peu coûteuse et de bon sens, de créer des cheminements, des coulées vertes, qui permettent de relier, de valoriser et de protéger les espaces résiduels de délaissés.

Débuser le ruisseau des Aygalades et créer un parc, ça peut être formidable – mais ça coûte des millions. Il serait dommage que dans le même temps, autour du Jarret ou ici, on supprime des dizaines d'hectares de friche qui témoignent encore de cette vie rurale qui a forgé l'identité de cette ville. Pourquoi veut-on toujours aménager, créer des espaces de toute pièces ? C'est comme si respecter l'existant, ce n'était pas un acte suffisamment urbain !

Il faut avoir l'usage de ces espaces que nous traversons ! Il faut se promener traverse Lieutaud... Regarde, ici encore on aperçoit des auges à cochons. Le long de ce sentier urbain à créer, il y a tout un vocabulaire du rural à découvrir dans ce paysage urbain. Et quelques centaines de mètres plus loin, dans un contraste saisissant, sur le parking de ce supermarché Casino, l'habituelle "herbe de la pampa" – une plante décorative fortement invasive. Juste après, ce noyau villageois – ils demeurent nombreux par ici – fournit une excellente matrice pour imaginer un véritable écoquartier. C'est en tout cas une matrice bien meilleure que ces résidences nouvelles qui se donnent le nom d' "écoquartier".

La ville qu'on produit avec ces idées de résidences fermées, est-ce qu'elle est vivable ? Est-ce qu'elle fonctionne ? Les chemins ruraux sont trop étroits, ça crée des embouteillages. Du coup, une grande partie des parcelles agricoles qui demeurent à l'est disparaîtront bientôt avec la création d'une nouvelle route, la RD4D.

Depuis le canal, juste au-dessus de la ligne d'eau, il reste des oliviers – production typique des terres provençales non irriguées. Ce canal, ces serres, ces murets, ces cabanons, ces champs... c'est évident qu'il y a quelque chose de précieux dans tout ça. Ce paysage est profondément fonctionnel, intelligent. Heureusement qu'il y a l'écologie scientifique qui permet de comprendre et d'expliquer ça. Des gens comme "Les Paniers marseillais" prônent la réintégration de l'agriculture à Marseille. Je pense que cela mérite d'être pris au sérieux.

L'écologie urbaine prétend se poser en point de repère pour penser autrement un nouvel urbanisme. Mais quelle que soit sa validité théorique, elle se heurte à des logiques de rentabilité, une inertie dans la façon de voir la ville. Avant de se demander comment agir, examinons de plus près les postulats et les horizons de l'écologie urbaine avec son initiateur, Philippe Clergeau. Car il ne s'agit pas que de science ici, ni même seulement de sociologie. On touche aux fondements mêmes de nos valeurs et de nos représentations du monde.

note

1. Auteur d'une thèse sur "Le rôle des jardins partagés dans l'invention d'une nouvelle agriculture urbaine, à Gênes, Marseille et Barcelone", Jean-Noël Consalès fait également partie de l'équipe marseillaise du programme de recherche (ANR) "Trame verte urbaine" dirigée par Philippe Clergeau et Nathalie Blanc.

*Il a aussi cette conviction passablement
stupéfiante que les gens sont reliés les uns
aux autres et que l'isolement équivaut à
un arrêt de mort. Je crois que pour lui,
les seuls individus, hommes ou femmes,
qui ont le droit de s'isoler, sont les
medecine men comme ce shaman qu'il
connaît au Canada.*

JIM HARRISON, *RETOUR EN TERRE*

VOUS N'ÊTES PAS SEULS

Faut-il avoir un pied hors de l'Occident pour voir à quel point, chez nous, les villes sont des agrégats de solitude, dans un tissu social déchiqueté ? Margaret Thatcher formula avec la radicalité décomplexée du néolibéralisme ce qui est devenu une réalité dominante en Occident : "La société, ça n'existe pas ; il y a des hommes et des femmes, et il y a des familles[1]".

A Marseille, les joies de la modernité occidentale se mêlent heureusement à d'autres joies non modernes ou non occidentales ; ainsi qu'à d'autres conceptions de la société et de l'individu. Wassila S., Marseillaise née de parents algériens, a grandi à la Busserine et à Corot (Saint-Just). Entre les deux, elle n'était jamais loin du parc Fontobscure, son lieu privilégié "d'ouverture et de méditation", où elle s'est récemment unie avec son compagnon. Aide-soignante, ayant travaillé aux soins palliatifs, elle témoigne que la vie, c'est le lien.

C'était un homme qui venait du bled. Il habitait dans un foyer Sonacotra. Il avait un regard de perdu. Sa famille, s'il en avait une, devait être au bled. Il n'avait pas d'âge. Le cancer l'avait rongé. Il avait un regard !... Un regard qui te transperce. Son visage était tout fripé, mais il avait des yeux brillants. Un regard naïf, d'enfant, qui habitait un corps vieilli.

Il n'a jamais dit qu'il souffrait, probablement parce qu'il avait toujours souffert. Il avait cette humilité de la douleur. Je lui demandais : "Tu souffres ? – Mmmh. – Sur une échelle de un à dix, tu es à combien ?" En soins palliatifs, on fait toujours ça, cette échelle de un à dix.

Avec les doigts, il m'a répondu huit.

Cet homme, il m'a meurtrie. Il était dans un mutisme total. Il sentait qu'il allait partir. Il ne demandait jamais rien, ni "J'ai faim", ni "J'ai soif". Mais du jour où j'ai parlé avec lui (en arabe), il m'a appelé benti, *"ma fille". Je lui ai dit qu'on allait faire une chimiothérapie. Je pense qu'il devait parler français ; mais quand tu sais que tu vas mourir arabe, tu n'as plus besoin de parler français.*

En tout, il est resté quelques mois à l'hôpital. D'une récidive à l'autre. Un jour, je l'ai vu revenir, et j'ai su que ce serait son dernier retour. Quand je le voyais, je voyais un homme seul. Même pas abandonné par la vie – abandonné par le fait même de dire "Je souffre". Il était dans l'acceptation totale. Pour lui, ça valait mieux. Mais pas pour celui qui le regardait.

On nous apprend qu'il faut se battre. Mais parfois, il vaut mieux ne pas se battre. Là, tu es vraiment dans le spirituel. Tu n'es plus dans le corps. Il devait se parler en lui-même, ce mec.

Voyant qu'il venait pour mourir, je me suis affolée qu'il n'y ait personne autour de lui. Chez les musulmans (comme chez les gitans d'ailleurs), on est toujours entouré – au moins dans ce moment-là, dans cette clôture de la vie. J'ai dit à une infirmière: "Il faut contacter sa famille." Depuis sa première entrée, à l'hôpital, personne n'avait fait de recherche. Il n'avait même plus de papiers. Il n'avait plus d'identité, il était devenu le commun des mortels.

L'infirmière m'a dit : "C'est comme ça, il faut le laisser partir.

– Moi vivante, je lui ai répondu, je ne laisserai pas partir quelqu'un tout seul."

Le moment de la mort, c'est imprévisible. Parfois, ça prend une heure, parfois trois jours, même quand tous les symptômes sont là.

Même un médecin ne sait pas. Ça dépend de la résistance de la per-
sonne. La mort, elle nous appartient. Les symptômes, ce sont les râles,
la respiration neurologique (de grandes pauses entre l'inspiration et
l'expiration), le corps cyanosé, les extrémités bleues, les yeux qui per-
dent de leur éclat. Comme si d'un coup, tout s'évapore. Les yeux se
couchent.

Il est mort vers dix-huit heures, au coucher du soleil. Je lui ai fait
sa toilette mortuaire. Il a été mis dans une fosse commune. Il n'y a
même pas une pierre pour rappeler qu'il a existé. Ce n'était même pas
un homme en révolte – il n'y avait que moi pour crier sa douleur.

A cet hôpital de Marseille où j'étais aide-soignante, il y avait en-
viron six décès par semaine. Avant, j'avais travaillé plusieurs années
dans un établissement spécialisé dans l'accompagnement des mourants.
Mais à l'hôpital, on n'accompagne pas les mourants. Mes collègues me
disaient : "Ah, moi je ne peux pas faire ça."

Accompagner quelqu'un, c'est lui tenir la main. Le toucher. Les
familles me disaient : "Qu'est-ce que je peux faire ?" Les gens veulent
toujours parler. Mais parfois, ce n'est pas la peine de parler. Regarder,
toucher, ça peut suffire. En Afrique, tu peux voir des amis passer des
heures assis côte à côte, sans rien se dire. Mais ils sont ensemble.

Je dis aux familles : "Ce n'est pas parce qu'il n'est plus à même
de vous parler qu'il n'est pas là, avec nous. Vous pouvez lui faire sentir
votre chaleur, lui faire passer votre énergie, en le touchant." Un animal
non plus, ça ne parle pas, mais par la caresse on lui fait sentir qu'on
est là. Un malade, parfois, c'est juste comme un homme qui aurait
perdu la parole.

Cette fille, quand elle m'a trouvée en train de lui tenir la main et
de lui rafraîchir le front, elle a éclaté en sanglots. Elle m'a dit : "C'est
la première fois en six ans que je vois quelqu'un mourir accompagné."

On était en manque d'effectifs pour un nombre trop important
de malades. Du coup, je rentrais sans cesse à l'improviste dans toutes
les chambres. Même quand les familles étaient là. Je leur disais juste : "On

est là, vous n'êtes pas seuls." C'est la phrase qui est en permanence dans la bouche de tous les accompagnants.

J'en ai accompagné, des malades, pendant huit ans. Il y en a même que j'ai oubliés. Mais je me souviens d'un kiné qui avait très peur de la mort. Je lui ai donné la main pendant plus de quatre heures. A la fin, mon bras était glacé. Comme s'il m'avait fait une transfusion de mort. Et j'ai senti à ce moment-là ce que signifiait le départ physique : passer de la chaleur à la froideur. Quand je l'ai lâché, j'ai hurlé.

Il me criait : "Ne me laissez pas !"

Je lui répondais : "Vous n'êtes pas seul."

Quand Wassila a commencé à gagner sa vie et qu'elle s'est installée en centre-ville, dans un studio près de la Plaine, elle a dû apprendre à vivre seule.

"Je me retrouvais seule avec moi-même – je ne savais pas comment faire. *Moi*, je ne savais pas ce que c'était… Il fallait que j'apprenne. Depuis ma naissance, je n'avais jamais été seule dans un appartement, ni même dans une chambre. On habitait dans un T4 où on était onze frères et sœurs avec mes parents, mes grands-parents et mes tantes, qui ont grandi avec nous jusqu'au moment de leur mariage. Il y avait trois grands-mères sous mon toit. *Moi*, ça n'existait pas !"

Bien évidemment, nous pouvons être seuls de façon temporaire ; il se peut même que nous ayons besoin de cette désactivation régulière des relations sociales. En tant qu'organismes unifiés, nous sommes physiquement capables de vivre seuls ; et en tant qu'êtres doués de conscience réflexive, nous formons une entité, sinon indépendante, du moins relativement autonome. Il peut être voluptueux et passionnant d'être seul une heure, une nuit, une semaine ou dix jours. Un mois, c'est plus rare. Un an, c'est de l'érémitisme. Mais les ermites eux-mêmes ne partent pas tout à fait seuls dans le désert ; ils y partent en compagnie d'une puissance spirituelle supérieure, ou pour s'en rapprocher. Si l'on peut parfois se sentir enfermé dans la société, c'est qu'en effet il nous est encore plus malaisé d'être vraiment, longtemps, authentiquement seuls. Nous sommes "enfermés" dans la société comme nous sommes "enfermés" dans l'air que nous respirons ; mieux vaut en prendre son parti. Nous sommes radicalement, dans notre corps autant que dans notre âme, *par autrui*. Nous sommes par autrui dans notre genèse individuelle ; nous le sommes également dans notre vie psychologique adulte, dans le sens où nous ne pouvons pas vivre sans amour.

L'individu comme paradigme de l'être humain est une construction moderne ; un produit de l'organisation sociale moderne – ce qui inclut l'Etat et la machine productive. Et Margaret Thatcher, en un sens, a raison : la machine d'individus et de familles que nous avons construite ne fait plus, ne fait pas société. Est-ce un hasard si le tissu social est aussi déchiré que le tissu de la biosphère ?

Ce n'est pas assez de dire que la solitude n'est pas naturelle à l'homme ; ni même de dire que l'homme est un animal social – c'est là une tautologie. L'homme est social *au même titre que la quasi-totalité des animaux* – et d'autant plus social qu'il est plus intelligent. En d'autres termes, notre humanité – les qualités intellectuelles et morales qui nous distinguent, et que nous pouvons, à raison, être honorés de représenter devant l'univers – est indissociable de notre haut niveau de sociabilité. Nous sommes intelligents parce que nous sommes empathiques. Et ce haut niveau de sociabilité, loin d'être une anomalie ou une exception, loin de constituer une grandeur ou une misère surnaturelle, est typique du monde vivant. Sociaux, nous le sommes non pas au titre d'un raffinement spécifiquement humain qui marquerait notre essence transcendante – notre différence avec le monde non humain –, mais parfaitement à l'image de l'ensemble du vivant. "Tout ce qui est vivant est social, et tout ce qui est social est vivant[2]", résume avec force l'écologue et éthologue Kinji Imanishi, naturaliste et philosophe, fondateur de la primatologie japonaise dans les années 1950.

Le corps humain, comme celui de tout mammifère (et dans une certaine mesure de tout animal, et même de tout vivant), crie sa dépendance tout aussi fort qu'il crie son indivisibilité. L'*enveloppe* qui entoure chaque être vivant ne fonctionne que dans la mesure où elle est *à la fois* étanche et percée – poreuse. Une particularité remarquable des êtres vivants est d'être structurés par une dialectique entre l'autonomie de minisystèmes autonomes, et la dépendance foncière, à chaque instant, à leur environnement vivant. Tout être vivant, des levures aux primates, en passant par les arbres, se caractérise par : 1) une enveloppe, qui le distingue de son environnement ; 2) une organisation systémique interne ; 3) la faculté de s'alimenter ; 4) la faculté de se reproduire.

La nature sociale du vivant ne se lit pas seulement dans la société qu'il forme – mais également dans le corps de chacun de ses membres. Un individu vivant est donc par définition incomplet. C'est une structure conçue et réalisée pour commercer sans cesse avec le monde et tirer le meilleur parti de ce qui l'entoure. La frontière de la peau ne trace en aucun cas une différence absolue entre l'organisme et le monde. Notre organisme est savamment percé – tout comme la ville médiévale est entourée de portes, ou comme toute habitation est percée de portes et de fenêtres. Les différents orifices qui percent notre corps correspondent à plusieurs fonctions vitales : maintenir l'organisme en vie ; assurer l'entretien et le renouvellement de ses parties ; le reproduire. Plus la nécessité de la fonction est cardinale, plus sa réalisation est fréquente, et plus le plaisir qu'on en tire est ténu. En tout cas, ces interactions régulières avec le monde ne comptent pas pour rien dans notre vie affective.

Non seulement nous sommes donc des touts percés, mais la peau elle-même est un sac savamment ajouré, puisque nous respirons à chaque instant avec tout notre corps. Cette porosité du vivant en est une caractéristique universelle et essentielle, et le place sous le signe d'un paradoxe dynamique, ou d'un dynamisme paradoxal : *c'est uniquement dans la mesure où il maintient un commerce incessant avec le monde que l'individu vivant peut se maintenir dans son autonomie.* C'est la relation (ordonnée) à l'extérieur qui lui garantit de pouvoir rester lui-même – il est en lui-même seulement s'il demeure sans cesse au-dehors de lui. Imanishi propose ainsi de concevoir la nourriture comme une extension de l'environnement, et l'environnement comme une extension de l'être vivant[3].

Nous ne sommes pas "dans l'environnement" comme des meubles dans une pièce ou des personnages sur une scène. Parce que notre corps est un système poreux, notre vie n'est pas dissociable d'un environnement dont elle provient et avec lequel elle est en échange ininterrompu – aussi longtemps qu'elle est vie.

Quel que soit son degré d'adéquation avec la réalité, l'idée qu'une société se fait de l'univers est indissociable de sa propre organisation interne. D'un côté parce que l'on ne manque pas de projeter dans la nature les conceptions de l'organisation sociale dans laquelle on évolue – c'est ce que le naturaliste anarchiste russe Kropotkine, défenseur de la coopération entre les animaux, reprochait à l'Anglais libéral Darwin dans sa conception de l'évolution comme "lutte pour la vie". Et à l'inverse, parce que nos conceptions de la nature ne restent pas sans effet sur notre organisation sociale. Dans un monde religieux, où le roi incarne la médiation entre le peuple et Dieu, des forêts demeurent protégées parce qu'elles garantissent au roi, à travers le rituel de la chasse, sa confrontation à une sauvagerie où il peut renouveler la source de son autorité transcendante[4].

On ne traite pas impunément l'univers comme une machine. Et après avoir affiné depuis deux siècles notre maîtrise technoscientifique du monde non humain au nom de la dignité – quasi surnaturelle – de l'espèce humaine, nous peinons beaucoup aujourd'hui pour tenter de tenir encore quelque temps le génome humain à l'écart de la puissance de notre propre génie technique.

La ville contemporaine, comme annexe de la machine productive, organisée pour une croissance économique indéfinie, offre une assez bonne image de l'univers tel que nous nous le représentons : vide de sens et terrifiant. Mais pour autant, nous n'avons rien prouvé par là quant à la nature supposée mécanique de l'univers. Lorsque la civilisation en vient à appréhender l'univers sur le modèle de ses propres machines, la nature sauvage semble parler un langage étrangement humain. Et dans certaines villes que la déprise industrielle déclasse des pôles attractifs du monde mainstream, l'irruption des mauvaises herbes semble annoncer je ne sais quelle renaissance.

notes

1. *"There is no such thing as society. There are individual men and women, and there are families."* Interview du 23 septembre 1987, citée par Douglas Keay dans *Woman's Own*, 31 octobre 1987.

2. Kinji Imanishi, *Le Monde des êtres vivants*, Wildproject, 2011.

3. "La nourriture qui passe de la bouche au système digestif interne n'est pas immédiatement digérée, si bien que l'on peut considérer le système digestif comme une partie par laquelle le monde extérieur entre dans notre corps, et donc *comme une extension de l'environnement.* (…) L'environnement qui est en passe de devenir de l'être vivant – autrement dit un environnement assimilé par l'être vivant lui-même – peut par conséquent être appelé *une extension de l'être vivant.*" Kinji Imanishi, *op. cit.*

4. Robert Harrison, *Forêts : essai sur l'imaginaire occidental*, Flammarion, 1992.

Je suis la Solitaire,
tu sais celle que l'on prend pour une
sauvage,
Que le monde pointe du doigt
mais que personne ne comprend.

KENY ARKANA, *LA SOLITAIRE*

WILD STYLE

Une grosse tache jaune peine à éclairer un ciel noir comme l'encre, c'est peut-être le soleil qui se couche. On aperçoit quelques étoiles. A l'horizon, le halo jaune orangé des lampadaires fait ressortir la skyline, barrée au premier plan par quatre barres-tours de logements gris, dont les fenêtres bariolées font de petits carrés de couleur : jaune, rouge, vert, bleu, jaune, turquoise. Le dernier immeuble, interrompu par la ligne zébrée d'un éclair, laisse soudain place à une vision en camaïeu de verts : de larges palmes de cocotiers suspendues dans l'air immobile. Sous leur ombre, la plage s'étire le long d'une eau translucide dont le bleu, d'abord pâle, se fonce peu à peu pour se mêler aux reflets d'un énorme soleil, surmonté de petits nuages qui flottent dans un ciel rouge infini. Au loin, deux palmiers se dessinent en ombre chinoise sur une colline. De part et d'autre de l'éclair central, à moitié sur les immeubles et à moitié sur la plage, sont écrits ces mots, en lettres blanches ourlées de rouge :

Jungle
Fever

La queue du petit g rejoint la barre supérieure du grand F et, du petit r final, perlent une ou deux gouttes.

Rue Félix-Pyat, 30 juillet 2010,
pendant une promenade organisée par Nicolas Mémain. © D.R.

Placée entre l'association Comores Entraides, le village pour clo-chards "le Hameau" et la cité ouvrière Bel-Air, la fresque de POM, de deux mètres cinquante de haut et d'une quinzaine de large, recouvre la façade en ciment d'une maisonnette adjacente au bâtiment de l'Ar-mée du Salut. De l'autre côté d'un portail, une deuxième fresque de même taille montre deux énormes mains brunes, entourées de feuilles de laurier, déployant une identité capitale : FELIX PYAT.

On est juste derrière le boulevard National, près du 143 rue Félix-Pyat, face aux barres mi-délabrées, mi-réhabilitées de Bellevue, ancienne plaque tournante de la *French Connection*. Edifiée au moment de l'arri-vée des premiers rapatriés de Tunisie au milieu des années 1950, la cité "Parc Bellevue" a été construite sur les déblais d'une usine qui fut l'une des plus grandes savonneries d'Europe, elle-même bâtie un siècle plus tôt sur d'anciennes terres cultivées[1]. A peine en retrait du centre-ville, encore au seuil des quartiers Nord, c'est ici l'ancienne couronne rurale de Marseille, une zone consacrée pendant des millénaires à la culture exclusive de la vigne et de l'olivier, propices aux terres arides. "A Marseille, quand on dit qu'on est de Bellevue, on te regarde l'air de dire «OK, respect»", témoigne un ancien enfant du quartier, Kamel Saleh, le réalisateur du blockbuster *Comme un aimant* (2000), dans lequel il raconte, avec d'autres jeunes de Bellevue et deux membres d'IAM (Akhénaton et Freeman), la vie quotidienne d'une bande de mauvais garçons désœuvrés.

Jungle Fever, c'est le titre d'un film de Spike Lee, le chantre de Brooklyn – un des maîtres que revendique Kamel Saleh. Marseille-Brooklyn, voilà une puissante connexion culturelle : même patriotisme local démesuré, même goût du pittoresque et du spectacle, même vitalité, mêmes rengaines italiennes, même passion pour la pizza, même dévotion au stade (de football ou de baseball), mêmes mœurs relâchées, même souci de la dégaine, même goût de la joute verbale, même mauvaise foi, même volonté (contre Manhattan ou Paris) de faire contre-capitale, "capitale du peuple", même simplicité, même cœur, mêmes grandeurs et mêmes misères – et de façon plus anecdotique, quasiment la même superficie : deux cent quarante kilomètres carrés[2].

Jungle, c'est bien sûr l'espace urbain, suivant la métaphore classique par laquelle on désigne la ville postindustrielle – à la fois au physique, pour l'environnement vertical inextricable que constitue son urbanisme chaotique, mais aussi au moral, selon l'idée qu'il s'agirait là d'un univers sans merci, régi par la force brute. Tout comme "sauvage", "barbare" ou "désert", la jungle ne désigne pas tant un univers particulier mais, de loin, un espace perçu comme le contraire de l'espace "civilisé" ou occupé par l'homme. Tous ces termes péjoratifs sont presque interchangeables : la jungle signifie en réalité "désert" en sanscrit *(jangala)*, et celui qui y vit, le sauvage (l'homme de la forêt, *silva)*, est un "barbare". "Jungle urbaine", c'est donc l'idée, désormais banale, selon laquelle, avec la ville contemporaine, la civilisation se mue en son contraire. La jungle, c'est simplement le lieu où "l'homme civilisé" ne va pas, le lieu où il ne domine pas le paysage, le lieu où il ne se sent pas chez lui. Inspiré du quartier de Trenchtown à Kingston ou de New York, Bob Marley a donné à la "jungle de béton" – *Concrete Jungle*, selon le titre du mythique premier morceau du mythique premier album des Wailers[3] – une dimension à la fois mélancolique et sensuelle :

> *"Aucun soleil ne brille aujourd'hui*
> *La belle lune jaune ne viendra pas jouer ici*
> *L'obscurité a couvert ma lumière*
> *Et a changé mon jour en nuit*
> *Où faut-il chercher l'amour ?*
> *Quelqu'un me le dira-t-il ?*
> *Il faut bien que je trouve quelque part ma douce vie*
> *Loin de cette jungle de béton*
> *Où la vie est trop dure*
> *La jungle de béton*
> *Mec, tu dois faire de ton mieux[4]."*

La "jungle des villes", c'est le Chicago de Brecht, le monde urbain comme lieu de prolifération de violences, de vices et de pièges – un univers tentaculaire et sans issue. IAM a proposé une ébauche de taxinomie de cette faune urbaine, ici essentiellement souterraine et nocturne :

> "Le drap de la nuit recouvre la ville millénaire
> Une atmosphère, la vigilance est nécessaire (...)
> *Du Livre de la jungle* que tu découvres à tes dépens (...)
> Dans la jungle urbaine y a de drôles de spécimens
> Des animaux crapuleux, c'est pas la peine
> Il y a des renards croisés avec des fennecs

Des rats d'égout, des hyènes
Des chacals, des loups et des chiennes
Des rapaces charognards, des vautours, les serpents
Toute la gamme affamée des insectes rampants
Et qui vont se dissimuler en des animaux sympathiques
Pour ensuite se révéler être de violents parasites[5]. "

Sur la fresque de POM à Félix-Pyat, à gauche, l'espace réel de la grande ville, dans sa géométrie cruelle ; et à droite, l'espace du rêve, de l'imagination ou de la rédemption – une nature virginale, édénique, toute de lumière et de paix. C'est peut-être elle qui ouvre ces fenêtres colorées dans la nuit de la ville. POM suggère peut-être que ce soleil est à trouver en nous-mêmes, dans ces visions intérieures qui peuvent éclairer notre espace, transcender notre réalité. De l'ombre à la lumière, de l'enfer au paradis, de la ville à la nature – il n'y aurait qu'un éclair. Une magie. Qu'est-ce que cette magie ? La *fièvre de la jungle* ?

Dans l'argot américain, *jungle fever* désigne plus précisément une liaison entre une personne à la peau noire et une personne à la peau blanche. De retour de la Seconde Guerre mondiale, les soldats américains auraient ainsi nommé le penchant que certains auraient ramené des contrées lointaines pour les femmes de couleur. *Jungle fever*, c'est la rencontre électrique entre la "civilisation" et "la nature", entre l'homme blanc civilisé des villes et la femme noire sauvage de la jungle – en vertu du grand dualisme occidental homme-femme, blanc-noir, culture-nature, de l'ère industrielle coloniale. Dans son film qui a popularisé l'expression, Spike Lee détourne et renverse le cliché. *Jungle Fever* raconte en effet la liaison adultère d'un homme noir établi (un père de famille, architecte, marié à une femme noire) avec une collègue de bureau blanche – la naissance de la liaison, la crise et le retour à l'ordre familial. Le film s'ouvre et se clôt sur une évocation directe de l'activité du lit conjugal, à travers les mots de la petite fille du couple, qui répète, au début et à la fin : *"I like when Daddy and Mommy do the funny noises."*

D'un bout à l'autre, le film *Jungle Fever* exhale discrètement les émanations d'une sexualité vivante et heureuse. Presque autant que l'analyse des rouages de la discrimination raciale, les films de Spike Lee sont systématiquement une invitation à l'épanouissement sexuel et amoureux – équilibre fragile entre la double ornière du puritanisme et de l'obsession. *She's gotta have it* (*Nola Darling* en français) met en scène une jeune femme qui, dans sa quête d'intensité, multiplie les partenaires ; *Summer of Sam* étudie les rapports – aussi obscurs que direct – entre machisme, refoulement, puritanisme, discrimination et meurtre. Derrière les éclats de la violence sociale, il y a toujours l'ombre du plaisir physique. Le mouvement des corps, le désir, la séduction, l'amour, la trahison, la frustration, la violence..., l'énergie sexuelle forme la basse continue de son style.

La nature, ce n'est pas la verdure, ni même la montagne, la jungle ou les déserts ; c'est cette énergie authentique – angoisse et douceur, violence et désir, espoirs et frustrations, amour et haine – qui bat en nous, au milieu de la jungle comme au milieu du béton. Et en vertu du même paradoxe qui fait que le rejet puritain de la sexualité est souvent le revers obscur de l'obsession sexuelle, de même il semble que plus nous revendiquons notre "arrachement à la nature", moins nous sommes civilisés ; ainsi le monde que nous avons bâti finit-il parfois par ressembler précisément à l'idée violente que nous nous faisons de la "nature sauvage".

Les cultures urbaines, nées dans les quartiers défavorisés des grandes villes américaines, ont défini les contours d'une esthétique, d'une attitude, d'un style qui, tout en demeurant marginal, est devenu aussi mondial que la misère urbaine – c'est la tonalité de la ville globale contemporaine. Ce que célèbre le hip hop (et qui a séduit les artistes et les critiques épuisés par un art contemporain anémique et décharné), c'est cette indépendance et cette spontanéité, ce naturel et cette singularité, cette vitalité des pulsions, ce sang – ce *Wild Style*, selon le titre du film fondateur du mouvement hip hop[6], que POM cite explicitement dans la *skyline* de sa fresque en reprenant tel quel le motif du générique d'ouverture.

Wild Style, dans le langage du graffiti, désigne au départ un type de lettres déformées, stylisées, hérissées de flèches et de signes, qu'on parvient à peine à déchiffrer ; et plus généralement, toute forme de graffiti créatif, le graffiti considéré en tant qu'art. Avec le film de Charlie Ahearn, *Wild Style* est devenu le mot d'ordre du hip hop, le slogan d'une créativité née dans la rue, dans les cités, dans les grands ensembles du XXe siècle, là où on ne l'attendait pas.

Le petit prince du rap marseillais, Akhenaton, est un enfant de la Marseille rurale ; à l'époque où il y a grandi, Plan-de-Cuques était un vrai village entouré de champs. La défense de la nature contre les tractopelles a même été son premier combat :

> "Au début des années 1980, Plan-de-Cuques a radicalement changé de physionomie. Le petit village s'est transformé en cité-dortoir pour les classes moyennes aisées. L'urbanisation des lieux de mon enfance, je l'ai vécue en temps réel. De notre maison, on avait une vue bucolique sur un cours d'eau, le Jarret, et une forêt. Et du jour au lendemain, les promoteurs immobiliers ont investi les champs, ces champs mêmes qui nous servaient de terrain de jeu, pour y construire des bâtiments. Ils ont englouti les endroits où nous avions élevé nos cabanes, les étables abandonnées où nous aimions nous retrouver et nous cacher. Assister au ballet implacable des bulldozers me mettait dans une rage noire. Avec les copains de ma résidence, nous avons mené la résistance. Des troupes de soixante, soixante-dix jeunes organisés en commandos ultramobiles. On avait pris les pauvres gars du chantier à coups de pierre pour les empêcher de construire sur nos terrains. Les hostilités durèrent deux jours, soit deux jours de caillassage en règle, une petite *intifada* en Provence. (...) A bien des égards, l'urbanisation de Plan-de-Cuques a annoncé la fin d'une époque et marqué le début d'une période plus sombre. Elle a signé notre passage de l'enfance à l'adolescence[7]."

Avec Keny Arkana, l'une des dernières grandes égéries du rap marseillais (appartenant comme elle le dit à la "3ᵉ génération de MCs"), la nature est entrée dans le rap français :

"La rage
Car c'est l'homme
Qui a créé chaque mur,
S'est barricadé de béton
Aurait-il peur de la nature ?
La rage
Car il a oublié
Qu'il en faisait partie,
Des harmonies profondes,
Mais dans quel monde la colombe est partie ?"

Toucher au concept de nature, c'est du même coup toucher au terme opposé par lequel on s'est habitué à la concevoir – l'idée de civilisation. Et lorsque la ville et la nature ne se distinguent plus, on entre dans une zone franche poétique où tout redevient possible. Peu de villes ont comme Marseille la marge au cœur ; et à l'ère des changements de paradigme, on est plus à l'aise et mieux placé à la périphérie pour identifier ce qui, demain, va faire centre.

notes

1. Communication personnelle de Nicolas Mémain, 2010. L'ensemble de ce chapitre a été inspiré par une balade guidée de Nicolas Mémain à Saint-Mauront en juillet 2010.

2. Marseille compte 90 kilomètres carrés d'espaces naturels non construits, mais Brooklyn en compte 70 de terres immergées, ce qui revient donc sensiblement au même ; sur l'espace restant, Brooklyn loge en revanche 2,5 millions d'habitants, là où Marseille n'en compte que 800 000.

3. *Catch a Fire* (1973).

4. *"No sun will shine in my day today;*
The high yellow moon won't come out to play:
I say darkness has covered my light,
And has changed my day into night.
Where is love to be found?
Won't someone tell me?
Cause my sweet life must be somewhere to be found
Instead of concrete jungle
Where the living is harder
Concrete jungle
Man you got to do your best."

5. IAM, "Le Livre de la jungle".

6. *Wild Style*, 1982, réalisé par Charlie Ahearn.

7. Akhenaton, *La Face B*, éditions Don Quichotte, 2010.

ANNEXE

Manifeste du GR 2013

Un GR comme projet artistique

Le GR 2013 est un sentier dit de "grande randonnée" situé en milieu périurbain. Premier GR métropolitain, le GR 2013 est un projet artistique, conçu pour être réalisé avec un collectif d'artistes-marcheurs comprenant Nicolas Mémain, Hendrik Sturm, Dalila Ladjal, Stéphane Brisset, Laurent Malone, Denis Moreau, Mathias Poisson, Geoffroy Mathieu, Julie de Muer, Christine Breton, Denis Moreau. Mais il est également conçu comme une infrastructure de transport pédestre qui, entre ville et nature, renouvelle nos usages et nos représentations des lieux. Ce sentier est destiné aux habitants, ainsi qu'aux randonneurs en général et aux touristes – y compris "touristes culturels" et "amateurs d'art".

La randonnée, phénomène social

Si ce sentier atypique veut être labellisé "GR", c'est que que les balises rouges et blanches sont devenues l'emblème d'un phénomène socio-culturel d'une amplitude et d'une signification considérables : *le développement, depuis plus d'un demi-siècle, de la marche à pied comme activité de loisir*. La Fédération française de randonnée revendique huit millions de randonneurs en France, et cent quatre-vingt mille kilomètres de sentiers (l'équivalent de trente ans de marche environ, à raison de vingt kilomètres par jour). La randonnée est un symptôme socio-culturel majeur de la modification en cours de notre rapport à la nature – et elle peut s'ouvrir aujourd'hui à de nouveaux territoires physiques et culturels.

Si la randonnée a largement contribué à l'éveil de la conscience écologique, sa pratique demeure encore largement réservée aux espaces dits "sauvages", aussi loin que possible de toute trace humaine, entretenant ainsi l'illusion d'un dualisme entre le monde urbain (humain) et le monde naturel.

Loin des trekkings au Népal, le "GR métropolitain" veut inviter à découvrir la beauté insoupçonnée de cette nature tout près de nos villes – ces territoires méconnus où nos vies se passent. La poésie du quotidien, l'aventure au coin de la rue, s'ajoutent ici à la valeur écologique éminente de la biodiversité banale – "Les mauvaises herbes d'un lotissement sont porteuses du même enseignement écologique que les séquoias", disait Aldo Leopold (1887-1948), pionnier de l'écologie et inventeur de l'"éthique de la terre" *(land ethic)*. Le GR 2013 est un support idéal pour une alphabétisation écologique.

En invitant à marcher dans des types d'espace inhabituels, le GR 2013 veut contribuer à la vitalité, à la modernité et au développement du GR, et plus généralement de l'art de la marche à pied, sans doute promis à un bel avenir au XXIe siècle.

"Buveurs d'air" : un siècle d'excursionnistes à Marseille

Avec plus de cent associations dédiées à la randonnée, le département des Bouches-du-Rhône est le premier de France pour la pratique de la marche à pied. La Société des excursionnistes marseillais, fondée en 1897, est l'un des plus anciens cercles de randonnée de France encore actifs aujourd'hui. Cette ancienneté de la marche à pied à Marseille s'explique essentiellement par la présence des Calanques, espace privilégié de balade familiale, mais aussi lieu de préparation et d'entraînement aux Alpes. C'est ce collectif des excursionnistes qui, par ailleurs, a organisé en 1910 la première manifestation pour la préservation d'un site naturel (Port-Miou) contre un projet industriel (carrière de Solvay).

Au moment où les Calanques deviennent un Parc national, ce projet de GR métropolitain, entre ville et nature, revendique et interroge l'héritage d'un siècle de marche à pied.

La culture comme pratique sociale

Ce projet repose sur une certaine conception de la culture : la culture non pas tant comme un secteur d'activité ni comme un corpus d'œuvres, d'artistes ou de disciplines, que comme *cet ensemble d'usages et de représentations* qui structure notre action, notre vie, et le sens que nous lui donnons. Dans cette conception, culture et société sont étroitement imbriquées, et se fondent dans l'idée plus globale de "civilisation".

Dans la mesure où il renouvelle et enrichit notre rapport à la nature, et donc à nous-mêmes, à partir de nos lieux de vie, le projet de GR 2013 est un projet de civilisation, qui interroge le sens même de la culture, à travers une méditation sur l'inscription des activités humaines dans le paysage.

Quelle meilleure façon de construire autrement nos villes que d'avoir physiquement conscience du sol naturel où elles s'inscrivent ? Et quelle meilleure façon de comprendre nos territoires que de les arpenter à pied ? Peut-être est-ce pour cela que les moines bouddhistes considèrent la marche comme la forme cardinale du *wu wei*, "action dans la non-action", meilleur chemin vers la sagesse.

Dans sa légèreté et sa pérennité, le GR 2013 voudrait être un laboratoire culturel de la ville de demain.

BAPTISTE LANASPEZE

décembre 2010, pour Marseille-Provence 2013

P. RUAT

Excursions en Provence

La Sainte-Baume

Cassis et Port-Miou

L'ancien Fort de Buoux

Grotte de St-Michel d'Eau Douce

Chartreuse de Montrieux

L'Estaque, Le Rove, Niolon

P. R.

MARSEILLE
LIBRAIRIE PAUL RUAT
22, Rue Noailles, 22

1re série.   Prix : **50** cent.

Couverture de la première série des *Excursions
en Provence* (1892) de Paul Ruat, qui deviendra en 1897
le fondateur de la Société des excursionnistes marseillais.

BIBLIOGRAPHIE

ÉCOLOGIES URBAINES

Howard, Ebenezer, *Tomorrow, A peaceful path to real reform*, Swann Sonnenschein & Co, 1898 (réédité ensuite sous le titre *Garden Cities of Tomorrow*).

Grafmeyer, Yves et Joseph, Isaac, *L'Ecole de Chicago, Naissance de l'écologie urbaine*, Aubier, 1984.

Spirn, Anne Whiston, *The Granite Garden, Urban and Human Design*, Basic Books, 1984.

Forman, Richard T. T. et Godron, Michel, *Landscape Ecology*, Wiley, 1986.

Lizet, Bernadette, *Sauvages dans la ville : de l'inventaire naturaliste à l'écologie urbaine, hommage à Paul Jovet, 1896-1991*, Publications scientifiques du Muséum, 1999.

Blanc, Nathalie, *Les Animaux et la Ville*, Odile Jacob, 2000.

Blanquart, Paul, *Une histoire de la ville : pour repenser la société*, La Découverte, 2004.

Consalès, Jean-Noël, *Les Jardins familiaux à Marseille, Gênes et Barcelone : laboratoires territoriaux de l'agriculture urbaine dans l'Arc méditerranéen*, thèse de doctorat, 2004.

Albouy, Vincent, *Guide des curieux de nature en ville, 12 promenades citadines*, Delachaux et Niestlé, Paris, 2006.

Clergeau, Philippe, *Une Ecologie du paysage urbain*, Apogée, 2007.

Coco, Emanuele, *Ospiti ingrati, Come convivere con gli animali sinantropici*, Nottetempo, 2007.

Vicari, Jacques, *Ecologie urbaine : entre la ville et la mort*, Infolio, 2008.

MARSEILLE

Ruat, Paul, *Excursions en Provence*, Librairie Paul Ruat, série 1 à 10, 1892-1901.

Suarès, André, *Marsiho*, Grasset, 1933.

Benjamin, Walter, *Rastelli raconte*, Seuil, 1987.

Péraldi, Michel et Parisis, Jean-Louis, *La Mise au vert : des rapports de l'Etat et du mouvement associatif dans l'institutionnalisation des loisirs de nature*, université d'Aix-Marseille, thèse de doctorat, 1981.

Péraldi, Michel, *Paysage, ville et mémoire : Marseille*, Cerfise, 1988.

Vidal-Naquet, Pierre A., *Les Ruisseaux, le Canal et la Mer : les eaux de Marseille*, L'Harmattan, 1993.

Durousseau, Thierry, *Ensembles et résidences à Marseille 1955-1975, 20 années formidables*, Bik&Book, 2009.

Brisson, Jean-Luc, *Le Paradis. Quelques observations sur le Plan d'Aou*, Actes Sud, 2010.

Breton, Christine, Hôtel du Nord / Récits d'hospitalité, *Au Ravin de la Viste* (n° 1), *La Ville perchée* (n° 2), *Le Livre du ruisseau, histoire du ruisseau des Aygalades* (hors-série), éditions Commune, 2010-2011.

AUTRES

Strabon, *Géographie*.

Warming, Eugene, *Plantesamfund, Grundtræk af den økologiske Plantegeografi*. P.G. *Philipsens Forlag* (*Œcology of Plants*, trad. anglaise 1909).

Camus, Albert, *Noces*, éditions Charlot, 1939.

Choay, Françoise, *L'Urbanisme, utopies et réalités : une anthologie*, Seuil, 1979.

Serres, Michel, *Le Contrat naturel*, François Bourin, 1990.

Harrison, Robert, *Forêts : essai sur l'imaginaire occidental*, Flammarion, 1992.

Clément, Gilles, *Manifeste du tiers paysage*, Sujet-Objet, 2004.

Tiberghien, Gilles, *Notes sur la nature, la cabane et quelques autres choses*, Félin, 2005.

Cans, Roger, *Petite histoire du mouvement écolo en France*, Delachaux et Niestlé, 2006.

Walker, Richard, *The Country in the City: The Greening of the San Francisco Bay Area*, University of Washington Press, 2007.

Callicott, J. Baird, *Ethique de la terre*, Wildproject, 2010.

Malina, Roger, "An Open Observatory Manifesto", Leonardo, MIT, 2010.

Imanishi, Kinji, *Le Monde des êtres vivants*, Wildproject, 2011.

AUTRES PUBLICATIONS DE BAPTISTE LANASPEZE

Marseille, énergies et frustrations, Autrement, 2006.

"L'écologie profonde est-elle un humanisme ?" in revue *Mouvements*, 2007.

(A) partir de Marseille, presses du réel et Bureau des compétences et désirs, 2008 (coordination et préface).

"Autoportrait d'un poulpe" in *Hervé Paraponaris : Insensé*, Les Presses du réel, 2010.

"A battle between Provence and Industry" in *Ex-change Istanbul-Marseille*, Çekül, 2011.

Aux éditions Wildproject :

"L'idée écologique", postface à Næss, Arne, *Vers l'écologie profonde*, 2009.

"Avant-propos" à Callicott, Baird, *L'Ethique de la terre*, 2010.

"L'intelligence du vivant", postface à Imanishi, Kinji, *Le Monde des êtres vivants*, 2011.

Ces photographies ont été réalisées à Marseille entre 2007 et 2011, principalement pendant les printemps 2009 et 2010.

Ce projet photographique a pu voir le jour grâce à une aide à la création de la DRAC PACA en 2010.

Remerciements :
Géraldine Lay, Florian Bonino, Dalila Ladjal et Nicolas Mémain.

www.geoffroymathieu.com

Ouvrage achevé d'imprimer
en mars 2012 par Just Colour, à Barcelone,
pour le compte des éditions Actes Sud,
Le Méjan, place Nina-Berberova, 13200 Arles.

Coordination éditoriale : Marie-Marie Andrasch
Conception graphique : Anne-Laure Exbrayat
Fabrication : Géraldine Lay
Photogravure : Voix Off, Arles

Dépôt légal : avril 2012

ISBN : 978-2-330-00201-5